MAÎTRISE DU MARKETING NUMÉRIQUE

Stratégies et techniques de croissance des entreprises

Par Danish Ali Bajwa & Usama Bajwa

Copyright © 2023 Par RK Books Publication

Le contenu de ce livre ne peut être reproduit, dupliqué ou transmis sous aucune forme ou système de récupération connu ou à inventer sans l'autorisation écrite directe de l'auteur ou de l'éditeur. En aucun cas, aucun blâme ou responsabilité légale ne sera retenu contre l'éditeur, ou l'auteur, pour tout dommage, réparation ou perte monétaire dû aux informations contenues dans ce livre. Que ce soit directement ou indirectement.

Mention légale:

Ce livre est protégé par le droit d'auteur. Ce livre est uniquement destiné à un usage personnel. Vous ne pouvez pas modifier, distribuer, vendre, utiliser, citer ou paraphraser toute partie du contenu de ce livre sans le consentement de l'auteur ou de l'éditeur. "Utilisation équitable" signifie qu'un résumé ou une citation avec un crédit approprié à l'auteur est autorisé.

Avis de non-responsabilité :

Veuillez noter que les informations contenues dans ce livre sont uniquement à des fins éducatives. Tous les efforts ont été déployés pour présenter des informations exactes, à jour, fiables et complètes. Aucune garantie d'aucune sorte n'est déclarée ou implicite. Les lecteurs reconnaissent que l'auteur ne donne pas de conseils juridiques, financiers, médicaux ou professionnels. Le contenu de ce livre provient de diverses sources. Veuillez consulter un professionnel qualifié avant d'essayer les techniques décrites dans ce livre. En lisant et en utilisant ce livre, le lecteur accepte qu'en aucun cas l'auteur ne soit responsable des pertes directes ou indirectes subies en raison de l'utilisation des informations contenues dans ce livre, y compris, mais sans s'y limiter, — erreurs, omissions ou inexactitudes .

E-mail:rkbooks16@gmail.com

LIVRE ÉLECTRONIQUE ISBN : 978-969-3492-20-0

ISBN BROCHÉ : 978-969-3492-18-7

ISBN RELIÉ : 978-969-3492-19-4

Biographie des auteurs

Les Danois Ali Bajwa et Usama Bajwa, connus collectivement sous le nom de Bajwa Brothers, forment un duo d'écrivains dynamique connu pour sa vaste gamme d'œuvres publiées couvrant plusieurs genres. Nés et élevés dans une maison où la créativité et les connaissances étaient profondément valorisées, ces frères ont exploité leur talent intrinsèque pour la narration et l'exploration dans une carrière florissante en littérature.

Le Danois Ali Bajwa est un écrivain prolifique avec une capacité unique à se connecter avec un public diversifié. Avec une voix distincte, il a contribué à une vaste collection de livres pour enfants, où il entrelace avec élégance des leçons de vie essentielles avec des récits engageants qui résonnent chez les jeunes esprits. Au-delà de la littérature pour enfants, le portfolio d'Usama comprend également un certain nombre de livres de motivation. Il a un don surnaturel pour élever et inspirer les lecteurs à travers ses récits captivants et ses représentations authentiques de l'esprit humain. Les mots d'Usama servent de phare de positivité, inspirant les lecteurs à vaincre leurs peurs et à atteindre leur véritable potentiel.

Usama Bajwa, d'autre part, apporte une perspective analytique à leur collaboration d'écriture. Avec un vif intérêt pour l'intersection des affaires et de la technologie, le danois a écrit plusieurs livres informatifs, rendant des sujets complexes accessibles et attrayants pour les lecteurs. L'expertise de Danish dans les domaines liés aux affaires et à la technologie est évidente dans ses guides complets et intuitifs. Il excelle dans la présentation d'idées innovantes et de tendances futuristes avec une compréhension fondée des besoins commerciaux contemporains, faisant de ses livres un incontournable dans les bibliothèques d'entrepreneurs ambitieux et de passionnés de technologie.

Ensemble, Danish et Usama ont cultivé un style d'écriture unique et diversifié qui captive leurs lecteurs, les gardant captivés de la première à la dernière page. Leurs livres reflètent souvent la symbiose de leurs différents intérêts et expertises, et le puissant équilibre entre l'émotion et la logique. Malgré leurs intérêts variés, ils partagent un engagement à créer une littérature de haute qualité à la fois engageante et instructive. Les frères Bajwa continuent d'établir leur présence dans le monde littéraire, construisant un héritage de livres perspicaces, stimulants et enchanteurs qui font vraiment la différence.

Table des matières

Introduction 1

Chapitre 1 Introduction au marketing numérique 5

Chapitre 2 Définir vos objectifs de marketing numérique 13

Chapitre 3 Construire une stratégie de marketing numérique efficace 21

Chapitre 4 Optimisation du site Web et expérience utilisateur 34

Chapitre 5 Marketing de contenu et narration 49

Chapitre 6 Marketing des médias sociaux 60

Chapitre 7 Marketing des moteurs de recherche (SEM) et paiement par clic (PPC) 75

Chapitre 8 Marketing par e-mail et automatisation 90

Chapitre 9 Marketing d'influence et partenariats de marque 111

Chapitre 10 Analyse et suivi des performances 124

Chapitre 11 Tendances émergentes et avenir du marketing numérique 139

Chapitre 12 Création d'un plan de marketing numérique exploitable 154

Conclusion 170

INTRODUCTION

"Digital Marketing Mastery: Strategies and Techniques for Business Growth" est un guide approfondi et complet qui vise à donner aux propriétaires d'entreprise, aux entrepreneurs et aux professionnels du marketing les connaissances et les compétences nécessaires pour exceller dans le monde en constante évolution du marketing numérique. Alors que la technologie continue de remodeler la façon dont nous nous connectons, communiquons et consommons les informations, il est devenu crucial pour les entreprises d'établir une forte présence en ligne et de s'engager efficacement auprès de leurs publics cibles.

À l'ère numérique, les stratégies de marketing traditionnelles ne suffisent plus à elles seules à générer une croissance durable. Le marketing numérique offre une vaste gamme d'opportunités et de canaux pour atteindre et se connecter avec les clients, permettant aux entreprises d'étendre leur portée, d'améliorer la visibilité de la marque et d'obtenir des résultats mesurables. Cependant, naviguer dans le paysage numérique complexe et en constante évolution peut être écrasant, en particulier pour ceux qui débutent dans le domaine ou qui ont du mal à suivre les dernières tendances et techniques.

Ce livre sert de feuille de route complète pour maîtriser le marketing numérique. Il est conçu pour fournir une base solide de connaissances et vous doter de stratégies et de techniques pratiques qui ont fait leurs preuves pour générer des résultats. Que vous soyez un propriétaire de petite entreprise cherchant à établir une présence en ligne, un entrepreneur visant à lancer une startup numérique réussie ou un professionnel du marketing cherchant à améliorer vos compétences, ce livre sera votre compagnon de confiance.

Au fil des pages de ce livre, nous explorerons un large éventail de sujets, en commençant par une introduction au marketing numérique et à son évolution. Nous approfondirons les concepts et principes fondamentaux qui sous-tendent des stratégies de marketing numérique efficaces, en vous assurant de bien comprendre les éléments essentiels nécessaires au succès.

Nous vous guiderons tout au long du processus de définition d'objectifs de marketing numérique clairs et réalisables, en les alignant sur vos objectifs commerciaux globaux et en établissant des indicateurs de performance clés (KPI) pour suivre et mesurer les progrès. Vous apprendrez à mener des études de marché et des analyses de concurrents, à identifier votre public cible et à créer des personnalités d'acheteur détaillées pour guider vos efforts de marketing.

En nous appuyant sur cette base, nous approfondirons les composants essentiels d'une stratégie de marketing numérique robuste. Nous explorerons des techniques d'optimisation de sites Web pour améliorer le classement des moteurs de recherche, améliorer l'expérience utilisateur et maximiser les conversions. Le marketing de contenu sera examiné en détail, fournissant des informations sur la création de contenu attrayant et engageant à travers différents formats et canaux.

Le marketing des médias sociaux, le marketing des moteurs de recherche (SEM) et la publicité au paiement par clic (PPC) seront également explorés, offrant des conseils sur l'utilisation de ces puissants outils pour étendre votre portée, générer un trafic ciblé et augmenter les conversions. Les stratégies de marketing par e-mail, y compris l'automatisation et la personnalisation, seront couvertes pour vous aider à entretenir des prospects, à fidéliser vos clients et à atteindre des taux de conversion plus élevés.

De plus, nous approfondirons le marketing d'influence et les partenariats de marque, en explorant comment identifier les influenceurs pertinents, établir des collaborations fructueuses et mesurer l'efficacité de ces campagnes. L'analyse et le suivi des performances seront également abordés en détail, vous permettant de prendre des décisions basées sur les données, d'optimiser vos efforts de marketing et d'obtenir une amélioration continue.

De plus, nous examinerons les tendances émergentes et les orientations futures du marketing numérique, vous donnant un aperçu des dernières technologies et innovations qui façonnent l'industrie. Nous explorerons le rôle de l'intelligence artificielle et de l'automatisation, et comment vous pouvez tirer parti de ces avancées pour obtenir un avantage concurrentiel.

Pour vous aider à appliquer les connaissances acquises tout au long de ce livre, nous vous guiderons dans la création d'un plan de marketing numérique exploitable. Nous discuterons de la budgétisation et de l'allocation des ressources, et soulignerons l'importance de surveiller, tester et optimiser vos stratégies pour assurer un succès continu.

À la fin de ce livre, vous aurez une compréhension globale du marketing numérique et des stratégies et techniques nécessaires pour stimuler la croissance des entreprises. Vous serez doté de connaissances pratiques, d'exemples concrets et d'informations précieuses pour naviguer en toute confiance dans le paysage numérique dynamique. Que vous soyez un novice en marketing numérique ou un professionnel expérimenté, "Maîtrise du marketing numérique : stratégies et techniques pour la croissance des entreprises" sera votre ressource incontournable pour maîtriser l'art et la science du marketing numérique.

CHAPITRE 1
Introduction au marketing numérique

Comprendre le paysage du marketing numérique

Dans le monde interconnecté d'aujourd'hui, le marketing numérique est devenu un outil indispensable pour les entreprises qui cherchent à prospérer sur le marché concurrentiel. Dans ce chapitre, nous plongeons dans le paysage complexe et dynamique du marketing numérique, en explorant ses différentes composantes et comment elles se recoupent pour créer un écosystème marketing holistique.

Nous commençons par définir le marketing numérique et son importance dans l'environnement commercial moderne. Le marketing numérique englobe un large éventail d'activités de marketing en ligne qui exploitent les canaux numériques, tels que les sites Web, les moteurs de recherche, les plateformes de médias sociaux, les e-mails et les applications mobiles, pour se connecter avec les publics cibles et obtenir les résultats souhaités.

Ensuite, nous explorons les canaux de marketing numérique disponibles pour les entreprises, en comprenant leurs caractéristiques, avantages et considérations uniques. Nous nous penchons sur le marketing des moteurs de recherche (SEM) et l'optimisation des moteurs de recherche (SEO), qui se concentrent sur l'amélioration de la visibilité et la génération de trafic organique et payant à partir des moteurs de recherche. Nous examinons également le marketing des médias sociaux, le marketing de contenu, le marketing par e-mail, la publicité display et d'autres canaux importants qui permettent aux entreprises de s'engager avec leur public de manière significative.

De plus, nous discutons de l'importance du marketing mobile, compte tenu de la croissance exponentielle de l'utilisation des appareils mobiles et de son impact sur le comportement des consommateurs. L'optimisation mobile, la conception réactive et l'essor des applications mobiles sont tous des aspects cruciaux d'une stratégie de marketing numérique complète.

De plus, nous explorons le concept d'expérience utilisateur (UX) et son rôle dans le marketing numérique. Comprendre comment concevoir des interfaces intuitives et conviviales, optimiser les performances du site Web et créer des parcours client fluides sont des considérations clés pour des campagnes de marketing numérique réussies.

Au fur et à mesure que nous progressons, nous approfondissons l'importance du marketing basé sur les données et l'utilisation d'outils d'analyse. Nous discutons de l'importance du suivi et de la mesure des indicateurs de performance clés (KPI), tels que le trafic sur le site Web, les taux de conversion, l'engagement des clients et le retour sur investissement (ROI). En exploitant la puissance des données, les entreprises peuvent obtenir des informations précieuses sur le comportement, les préférences et les tendances des clients, ce qui leur permet de prendre des décisions marketing éclairées.

De plus, nous explorons l'interaction entre le marketing numérique et les méthodes de marketing traditionnelles. Alors que le marketing traditionnel reste pertinent, le marketing numérique offre des avantages uniques, notamment des commentaires en temps réel, un ciblage précis et la possibilité de personnaliser et de personnaliser la messagerie. Nous discutons de l'intégration des stratégies de marketing numérique et traditionnel pour créer des campagnes cohérentes et percutantes.

À la fin de ce chapitre, les lecteurs auront une compréhension globale du paysage du marketing numérique, y compris ses différents canaux, considérations et l'importance de la prise de décision basée sur les données. Cette connaissance servira de base solide pour les chapitres suivants, où nous approfondirons les stratégies et techniques spécifiques de marketing numérique pour la croissance des entreprises.

Évolution du marketing numérique

Dans ce chapitre, nous entreprenons un voyage à travers l'évolution du marketing numérique, retraçant ses racines depuis les débuts d'Internet jusqu'à son importance actuelle dans le paysage marketing. Comprendre l'évolution du marketing numérique nous permet d'apprécier son pouvoir de transformation et l'impact significatif qu'il a eu sur les entreprises du monde entier.

Nous commençons par explorer la naissance d'Internet et sa profonde influence sur la communication et le partage d'informations. Avec l'avènement du World Wide Web, les entreprises ont acquis une nouvelle plate-forme pour présenter leurs produits et services à un public mondial. Les premiers sites Web servaient de brochures numériques, fournissant des informations de base et des coordonnées.

Alors qu'Internet continuait d'évoluer, le marketing numérique aussi. L'émergence de moteurs de recherche, tels que Yahoo,

AltaVista et éventuellement Google, a suscité le besoin pour les entreprises d'optimiser leur présence en ligne. L'optimisation des moteurs de recherche (SEO) est devenue un aspect essentiel du marketing numérique, permettant aux sites Web de se classer plus haut dans les résultats de recherche et d'attirer du trafic organique.

L'introduction des plateformes de médias sociaux, notamment MySpace, Facebook, Twitter et Instagram, a révolutionné la façon dont les gens se connectaient et interagissaient en ligne. Les entreprises ont rapidement reconnu le potentiel du marketing des médias sociaux, tirant parti de ces plateformes pour interagir avec les clients, créer des communautés de marque et favoriser la fidélité à la marque.

L'essor des appareils mobiles a encore accéléré l'évolution du marketing numérique. Les smartphones devenant une partie intégrante de la vie quotidienne, les entreprises ont dû adapter leurs stratégies pour répondre à un public mobile. Des sites Web adaptés aux mobiles, des applications mobiles et des stratégies de marketing basées sur la localisation ont émergé pour répondre aux demandes croissantes des consommateurs en déplacement.

L'ère du big data a apporté une nouvelle dimension au marketing numérique. Grâce à la capacité de capturer et d'analyser de grandes quantités de données clients, les entreprises ont obtenu des informations précieuses sur le comportement, les préférences et les habitudes d'achat des consommateurs. Cette approche basée sur les données a permis aux spécialistes du marketing de personnaliser leur messagerie, de diffuser des publicités ciblées et d'optimiser les campagnes pour un impact maximal.

Les progrès technologiques, tels que l'intelligence artificielle (IA), l'apprentissage automatique et l'automatisation, ont encore transformé le marketing numérique. Les chatbots alimentés par l'IA rationalisent les interactions avec les clients, tandis que les workflows de marketing par e-mail automatisés nourrissent les prospects et génèrent des conversions. Les algorithmes de publicité programmatique optimisent les placements publicitaires, ciblant avec précision le bon public au bon moment.

Aujourd'hui, le marketing numérique continue d'évoluer à un rythme rapide. L'introduction de la recherche vocale, de la réalité virtuelle (VR), de la réalité augmentée (AR) et d'autres technologies émergentes présente de nouvelles opportunités et de nouveaux défis pour les spécialistes du marketing. Se tenir au courant de ces développements est crucial pour les entreprises qui souhaitent rester compétitives et engager efficacement leurs publics cibles.

En comprenant l'évolution du marketing numérique, nous acquérons un aperçu de son contexte historique, de ses jalons et des facteurs sous-jacents qui ont façonné son paysage actuel. Ces connaissances fournissent une base pour explorer les stratégies et les techniques couvertes dans les chapitres suivants, permettant aux entreprises de tirer parti du plein potentiel du marketing numérique pour stimuler la croissance et le succès.

Importance du marketing numérique pour la croissance des entreprises

Dans ce chapitre, nous nous penchons sur les raisons fondamentales pour lesquelles le marketing numérique est crucial pour les entreprises à la recherche d'une croissance et d'un succès durables sur le marché hautement concurrentiel d'aujourd'hui. Alors que la technologie continue de progresser et que le comportement des consommateurs évolue, les entreprises doivent adapter leurs stratégies marketing pour tirer parti de la puissance des canaux numériques.

Avant tout, le marketing numérique offre une portée et une accessibilité inégalées. Internet a connecté des personnes du monde entier, offrant aux entreprises une plate-forme mondiale pour présenter leurs produits ou services. Avec une stratégie de marketing numérique bien conçue, les entreprises peuvent transcender les frontières géographiques et cibler des publics spécifiques avec précision. Ce niveau de portée et d'accessibilité ouvre de nouvelles opportunités de croissance et permet aux entreprises d'élargir leur clientèle de manière exponentielle.

Le marketing numérique fournit également un engagement ciblé du public. Contrairement aux méthodes de marketing traditionnelles, le marketing numérique permet aux entreprises d'identifier et de s'engager plus efficacement avec leurs clients idéaux. Grâce à divers canaux numériques, les entreprises peuvent recueillir des données sur les préférences, les comportements et les données démographiques des consommateurs. Ces données peuvent ensuite être utilisées pour créer des messages marketing personnalisés et pertinents, augmentant ainsi les chances de capter l'attention et l'intérêt des clients potentiels. La capacité de diffuser des messages ciblés au bon public au bon moment améliore considérablement l'efficience et l'efficacité des efforts de marketing.

De plus, le marketing numérique offre des résultats mesurables et un retour sur investissement (ROI) plus élevé. Contrairement aux canaux de marketing traditionnels, qui reposent souvent sur des estimations et des hypothèses, le marketing numérique permet un suivi et une mesure précis des indicateurs de performance clés (KPI). Les entreprises peuvent surveiller des mesures telles que le trafic sur le site Web, les taux de conversion, les niveaux d'engagement et les données de vente en temps réel. Cette approche basée sur les données permet aux entreprises d'optimiser leurs campagnes, d'identifier les domaines à améliorer et d'allouer les ressources plus efficacement. La capacité de mesurer et d'analyser les efforts de marketing garantit que les entreprises peuvent prendre des décisions fondées sur des données, ce qui se traduit par un retour sur investissement plus élevé et une utilisation plus efficace des budgets marketing.

Le marketing numérique favorise également l'engagement des clients et l'établissement de relations. Grâce aux plateformes de médias sociaux, aux blogs, au marketing par e-mail et à d'autres canaux numériques, les entreprises peuvent s'engager dans une communication bidirectionnelle avec leurs clients. Cela permet aux entreprises d'écouter les commentaires des clients, de répondre aux préoccupations et de créer un sentiment de confiance et de fidélité. En fournissant un contenu précieux et engageant, les entreprises peuvent s'établir en tant que leaders d'opinion et établir des relations durables avec leurs clients. La capacité de cultiver des liens significatifs avec les clients contribue à la croissance à long terme de l'entreprise et à la fidélisation de la clientèle.

Enfin, le marketing digital offre flexibilité et agilité. Dans le paysage numérique en évolution rapide, les entreprises doivent être adaptables et réactives aux tendances du marché et aux demandes des consommateurs. Le marketing numérique permet des ajustements et des modifications rapides des campagnes, garantissant que les entreprises peuvent rester pertinentes et conserver un avantage concurrentiel. La capacité de tester, d'itérer et d'optimiser les stratégies marketing en temps réel offre aux entreprises l'agilité nécessaire pour saisir les opportunités émergentes et répondre à l'évolution de la dynamique du marché.

En conclusion, le marketing numérique est d'une importance capitale pour la croissance des entreprises à l'ère numérique d'aujourd'hui. Sa large portée, son engagement ciblé, sa mesurabilité, l'établissement de relations avec ses clients et sa flexibilité en font un outil indispensable pour les entreprises qui souhaitent prospérer et réussir. En adoptant des stratégies de marketing numérique, les entreprises peuvent débloquer de nouvelles opportunités de croissance, atteindre efficacement leurs publics cibles et réaliser une croissance commerciale durable.

CHAPITRE 2
Définir vos objectifs de marketing numérique

Définir des objectifs SMART pour le marketing numérique

Dans ce chapitre, nous nous penchons sur le processus de définition d'objectifs clairs et réalisables pour vos efforts de marketing numérique. Sans objectifs bien définis, les entreprises peuvent avoir du mal à mesurer les progrès, à allouer efficacement les ressources et, en fin de compte, à obtenir des résultats significatifs. En suivant le cadre SMART, les entreprises peuvent s'assurer que leurs objectifs de marketing numérique sont spécifiques, mesurables, atteignables, pertinents et limités dans le temps.

Nous commençons par souligner l'importance de la spécificité lors de la définition des objectifs de marketing numérique. Des objectifs vagues ou larges peuvent prêter à confusion et à un manque d'orientation. Au lieu de cela, les objectifs doivent être spécifiques et bien définis, décrivant en détail le résultat souhaité. Par exemple, un objectif spécifique pourrait être d'augmenter le trafic du site Web de 20 % au cours des six prochains mois.

Ensuite, nous explorons le concept de mesurabilité dans l'établissement d'objectifs. Les objectifs de marketing numérique efficaces doivent être quantifiables, permettant aux entreprises de suivre les progrès et de déterminer le succès. Des objectifs mesurables permettent aux entreprises de collecter et d'analyser des données, fournissant des informations sur l'efficacité de leurs efforts de marketing. Parmi les exemples d'objectifs mesurables, citons l'augmentation de 25 % de l'engagement sur les réseaux sociaux ou l'obtention d'un taux de conversion de 15 % sur une page de destination spécifique.

De plus, nous discutons de l'importance de fixer des objectifs réalistes et réalisables compte tenu des ressources et des capacités de l'entreprise. S'il est essentiel de viser haut, se fixer des objectifs inaccessibles peut entraîner frustration et démotivation. En fixant des objectifs stimulants mais à portée de main, les entreprises peuvent maintenir leur élan et un sentiment d'accomplissement à mesure qu'elles progressent.

La pertinence est un autre facteur critique dans l'établissement d'objectifs. Les objectifs de marketing numérique doivent s'aligner sur les objectifs commerciaux globaux et contribuer à la croissance et au succès de l'organisation. Chaque objectif doit avoir un lien clair avec la stratégie marketing plus large et soutenir la vision à long terme de l'entreprise. Garantir la pertinence des objectifs aide à maintenir l'orientation et à garantir que les efforts sont dirigés vers des résultats significatifs.

Enfin, nous soulignons l'importance des objectifs limités dans le temps. Sans un calendrier précis, les objectifs peuvent manquer de sens de l'urgence et peuvent ne pas conduire à l'action. Fixer un délai crée un sentiment de responsabilité et fournit un cadre pour la planification et l'exécution. Les entreprises doivent établir des délais réalistes pour atteindre leurs objectifs de marketing numérique, en tenant compte de facteurs tels que la saisonnalité, les conditions du marché et les ressources disponibles.

Tout au long de ce chapitre, nous fournissons des exemples pratiques et des conseils sur la manière d'appliquer le cadre SMART à la définition d'objectifs de marketing numérique. Nous discutons des pièges courants à éviter et fournissons des conseils pour surmonter les défis qui peuvent survenir au cours du processus de définition des objectifs. À la fin de ce chapitre, les lecteurs disposeront des outils et des connaissances nécessaires pour définir des objectifs clairs, réalisables et SMART qui guideront leurs stratégies de marketing numérique et contribueront à la croissance et au succès de leurs entreprises.

Aligner les objectifs commerciaux sur les objectifs de marketing numérique

Dans ce chapitre, nous nous penchons sur le processus crucial d'alignement des objectifs commerciaux sur les objectifs de marketing numérique. Un fort alignement entre les deux garantit que les efforts de marketing numérique sont ciblés, ciblés et contribuent directement au succès global de l'entreprise.

Comprendre les objectifs commerciaux

Pour commencer, nous insistons sur l'importance de définir et de comprendre clairement les objectifs de l'entreprise. Ces objectifs servent de fondement à l'ensemble de l'organisation et guident la prise de décision à tous les niveaux. Les objectifs commerciaux peuvent inclure l'augmentation de la part de marché, l'expansion sur de nouveaux marchés, l'augmentation du chiffre d'affaires, l'amélioration de la fidélisation de la clientèle ou le lancement de nouveaux produits ou services. En comprenant les objectifs plus larges, les entreprises peuvent identifier comment le marketing numérique peut soutenir et conduire ces objectifs.

Identifier les opportunités de marketing numérique

Une fois les objectifs commerciaux clairs, l'étape suivante consiste à identifier les opportunités de marketing numérique qui correspondent à ces objectifs. Cela implique de mener une analyse approfondie du marché cible, des préférences des clients, du paysage concurrentiel et des ressources disponibles. En comprenant la dynamique du marché et le comportement des clients, les entreprises peuvent identifier les canaux, stratégies et tactiques de marketing numérique spécifiques qui seront les plus efficaces pour atteindre les résultats commerciaux souhaités.

Définir les objectifs du marketing numérique

Sur la base des opportunités identifiées, les entreprises peuvent ensuite définir leurs objectifs de marketing numérique. Ces objectifs doivent être alignés sur les objectifs commerciaux plus larges et contribuer directement à leur réalisation. Par exemple, si l'objectif commercial est d'augmenter la part de marché, un objectif de marketing numérique correspondant pourrait être d'accroître la notoriété de la marque et d'atteindre un public plus large grâce à des campagnes ciblées sur les réseaux sociaux ou des efforts d'optimisation des moteurs de recherche. En alignant les objectifs de marketing numérique sur les objectifs commerciaux, les entreprises s'assurent que leurs efforts sont ciblés et ont un impact direct sur la croissance globale.

Établir des indicateurs de performance clés (KPI)

Pour suivre les progrès et mesurer le succès des initiatives de marketing numérique, les entreprises doivent établir des indicateurs de performance clés (KPI). Les KPI sont des mesures spécifiques qui reflètent la réalisation des objectifs de marketing numérique. Ils peuvent inclure des mesures telles que le trafic sur le site Web, les taux de conversion, l'engagement des clients, le retour sur investissement (ROI) ou les abonnés aux médias sociaux. En définissant des KPI clairs, les entreprises peuvent surveiller et évaluer l'efficacité de leurs stratégies de marketing numérique et prendre des décisions basées sur les données pour optimiser leurs efforts.

Évaluation continue et adaptation

Enfin, nous soulignons l'importance de l'évaluation continue et de l'adaptation dans le processus d'alignement. Les objectifs commerciaux et la dynamique du marché peuvent changer au fil du temps, et les stratégies de marketing numérique doivent évoluer en conséquence. Réévaluer et réaligner régulièrement les objectifs de marketing numérique avec les objectifs commerciaux garantit que les stratégies restent pertinentes et efficaces pour stimuler la croissance. En restant agiles et réactives aux évolutions du marché, les entreprises peuvent optimiser leurs efforts de marketing numérique et saisir les opportunités émergentes.

Tout au long de ce chapitre, nous fournissons des informations pratiques et des exemples pour illustrer comment les entreprises peuvent aligner leurs objectifs de marketing numérique sur leurs objectifs commerciaux plus larges. En alignant ces deux composants essentiels, les entreprises peuvent maximiser l'impact de leurs stratégies de marketing numérique et obtenir des résultats significatifs et mesurables qui contribuent directement à la croissance et au succès globaux de l'entreprise.

Établir des indicateurs de performance clés (KPI)

Dans ce chapitre, nous nous penchons sur le processus d'établissement d'indicateurs de performance clés (KPI) pour le marketing numérique. Les KPI jouent un rôle essentiel dans le suivi des progrès, l'évaluation du succès et l'optimisation des efforts de marketing numérique. En définissant des KPI clairs et pertinents, les entreprises peuvent mesurer efficacement leurs performances et prendre des décisions basées sur les données pour stimuler la croissance et atteindre leurs objectifs de marketing numérique.

Comprendre les indicateurs de performance clés (KPI)

Pour commencer, nous fournissons une compréhension approfondie de ce que sont les KPI et de leur importance dans le marketing numérique. Les KPI sont des mesures spécifiques qui reflètent les performances et les progrès vers la réalisation des objectifs de marketing numérique. Ils fournissent un moyen quantifiable de mesurer le succès, d'évaluer l'efficacité et d'identifier les domaines à améliorer. Les KPI peuvent varier en fonction de la nature de l'entreprise, des objectifs spécifiques de marketing numérique et des canaux ou tactiques utilisés.

Aligner les KPI avec les objectifs de marketing numérique

L'étape suivante consiste à aligner les KPI choisis sur les objectifs de marketing numérique établis précédemment. Les KPI doivent refléter directement les résultats souhaités et donner un aperçu de l'efficacité des stratégies et des tactiques employées. Par exemple, si l'objectif du marketing numérique est d'augmenter le trafic sur le site Web, les KPI pertinents peuvent inclure des mesures telles que le nombre de visiteurs uniques, les pages vues ou le taux de rebond. En alignant les KPI sur les objectifs, les entreprises s'assurent qu'elles suivent les bons indicateurs qui contribuent directement aux résultats souhaités.

Choisir des KPI pertinents et mesurables

Lors de la sélection des KPI, il est essentiel de choisir ceux qui sont à la fois pertinents et mesurables. Les KPI pertinents sont directement liés aux buts et objectifs spécifiques de la campagne de marketing numérique. Ils fournissent des informations significatives sur les progrès accomplis vers ces objectifs. Les KPI mesurables, quant à eux, sont quantifiables et permettent un suivi et une comparaison dans le temps. Cela garantit que les progrès peuvent être objectivement évalués et mesurés. En choisissant des KPI pertinents et mesurables, les entreprises peuvent acquérir une compréhension claire de leurs performances et prendre des décisions éclairées.

Utilisation d'un ensemble équilibré d'indicateurs de performance clés

Un ensemble équilibré d'indicateurs de performance clés fournit une vue complète des performances des différents aspects du marketing numérique. Il comprend une combinaison d'indicateurs avancés, tels que le trafic sur le site Web ou l'engagement sur les réseaux sociaux, ainsi que des indicateurs retardés, tels que les taux de conversion ou la valeur vie client. Cette approche équilibrée permet aux entreprises de surveiller à la fois les progrès à court terme et le succès à long terme. En utilisant une gamme de KPI, les entreprises acquièrent une compréhension globale de leurs performances de marketing numérique.

Surveillance, analyse et optimisation

KPI Une fois les KPI établis, il est crucial de surveiller, d'analyser et d'optimiser régulièrement en fonction des connaissances acquises. Les entreprises doivent utiliser des outils d'analyse et des mécanismes de reporting pour suivre les KPI sélectionnés. Un suivi régulier permet d'identifier en temps opportun les tendances, les modèles et les domaines à améliorer. L'analyse des données KPI fournit des informations précieuses sur l'efficacité des stratégies de marketing numérique, en mettant en évidence ce qui fonctionne bien et les domaines qui nécessitent un ajustement. L'optimisation implique de prendre des décisions basées sur les données et de mettre en œuvre des changements pour améliorer les performances et maximiser les résultats.

Tout au long de ce chapitre, nous fournissons des conseils pratiques sur l'établissement d'indicateurs de performance clés pertinents et mesurables pour les campagnes de marketing numérique. Nous soulignons l'importance d'aligner les KPI sur les objectifs, de choisir un ensemble équilibré de mesures et de surveiller et d'optimiser en permanence les performances. En utilisant efficacement les KPI, les entreprises peuvent suivre les progrès, mesurer le succès et prendre des décisions éclairées pour stimuler la croissance et atteindre leurs objectifs de marketing numérique.

Chapitre 3
Construire une stratégie de marketing numérique efficace

Dans ce chapitre, nous nous penchons sur le processus de construction d'une stratégie de marketing numérique efficace. Une stratégie bien conçue sert de feuille de route aux entreprises, décrivant les étapes et les tactiques nécessaires pour atteindre leurs objectifs de marketing numérique et générer une croissance durable. En suivant une approche systématique, les entreprises peuvent maximiser leurs efforts de marketing numérique et engager efficacement leur public cible.

Pour commencer, nous discutons de l'importance de mener une étude de marché approfondie et une analyse des concurrents. Comprendre le paysage du marché et l'environnement concurrentiel est essentiel pour identifier les opportunités, différencier l'entreprise des concurrents et adapter les messages marketing pour qu'ils trouvent un écho auprès du public cible. Les études de marché fournissent des informations sur les préférences, les comportements et les tendances des clients, tandis que l'analyse des concurrents aide les entreprises à identifier leurs forces, leurs faiblesses et leurs propositions de vente uniques.

Ensuite, nous nous penchons sur le processus d'identification et de compréhension du public cible. En créant des personnalités d'acheteurs détaillées, les entreprises acquièrent une compréhension approfondie de leurs clients idéaux, y compris les données démographiques, les intérêts, les points faibles et les motivations. Ces informations permettent aux entreprises d'adapter leurs stratégies de marketing numérique pour atteindre et interagir efficacement avec leur public cible, entraînant en fin de compte des taux de conversion plus élevés et la fidélité des clients.

Choisir les bons canaux de marketing numérique est un autre aspect crucial de la construction d'une stratégie efficace. Nous discutons des différents canaux disponibles, y compris le marketing des moteurs de recherche (SEM), le marketing des médias sociaux, le marketing par e-mail, le marketing de contenu, etc. Chaque canal a ses forces et ses caractéristiques, et les entreprises doivent sélectionner celles qui correspondent aux préférences de leur public cible et à leurs objectifs commerciaux. Comprendre les avantages uniques et les meilleures pratiques de chaque canal permet aux entreprises d'allouer efficacement les ressources et d'optimiser leurs efforts de marketing numérique.

En outre, nous explorons l'importance du marketing de contenu dans la réussite du marketing numérique. Le contenu est l'épine dorsale du marketing numérique, permettant aux entreprises d'engager, d'éduquer et d'inspirer leur public. Nous discutons de l'importance de créer un contenu pertinent et de haute qualité dans différents formats, tels que des articles de blog, des vidéos, des infographies et des podcasts. Le développement d'une stratégie de distribution de contenu garantit que le bon contenu est diffusé via les canaux appropriés, maximisant ainsi sa portée et son impact.

En outre, nous mettons l'accent sur le rôle du marketing des médias sociaux dans la création de la notoriété de la marque, la promotion des relations avec les clients et la stimulation des conversions. Nous discutons des stratégies pour créer un contenu attrayant sur les réseaux sociaux, tirer parti du contenu généré par les utilisateurs et utiliser la publicité sur les réseaux sociaux pour cibler efficacement des segments d'audience spécifiques. Comprendre la dynamique et les meilleures pratiques des plateformes de médias sociaux permet aux entreprises de tirer parti de leur pouvoir pour atteindre et interagir avec leur public.

La mesure et l'analyse jouent un rôle essentiel dans l'optimisation des stratégies de marketing numérique. Nous discutons de l'importance de la mise en œuvre d'outils d'analyse, tels que Google Analytics, pour suivre et mesurer les indicateurs de performance clés (KPI). En analysant les données et en surveillant les performances de diverses initiatives de marketing numérique, les entreprises peuvent obtenir des informations précieuses, identifier les domaines à améliorer et prendre des décisions basées sur les données pour optimiser continuellement leurs stratégies.

Enfin, nous soulignons l'importance de l'apprentissage continu et de l'adaptation dans le paysage du marketing numérique en constante évolution. Les stratégies de marketing numérique doivent être flexibles et adaptables pour garder une longueur d'avance. Surveiller les tendances de l'industrie, se tenir informé des technologies émergentes et tester et itérer les stratégies sont essentiels pour conserver un avantage concurrentiel et favoriser l'amélioration continue.

À la fin de ce chapitre, les lecteurs auront une compréhension complète des éléments clés impliqués dans l'élaboration d'une stratégie de marketing numérique efficace. Ils seront équipés des connaissances et des outils nécessaires pour mener des études de marché, définir les publics cibles, sélectionner les canaux appropriés, créer un contenu convaincant, mesurer les performances et adapter leurs stratégies pour un succès à long terme dans le paysage dynamique du marketing numérique.

Réalisation d'études de marché et d'analyses concurrentielles

Dans ce chapitre, nous explorons les étapes cruciales de la réalisation d'études de marché et d'analyses de concurrents dans le cadre de l'élaboration d'une stratégie de marketing numérique efficace. Ces activités fournissent des informations précieuses sur le paysage du marché, le comportement des consommateurs et le positionnement des concurrents. En comprenant la dynamique du marché et l'environnement concurrentiel, les entreprises peuvent identifier les opportunités, se différencier et adapter leurs stratégies de marketing numérique pour trouver un écho efficace auprès de leur public cible.

Étude de marché : Comprendre le paysage

Nous commençons par souligner l'importance de mener une étude de marché complète. L'étude de marché implique la collecte et l'analyse de données relatives au marché cible, aux tendances du secteur, aux préférences des clients et à la demande du marché. Il aide les entreprises à acquérir une compréhension approfondie du paysage du marché, leur permettant de prendre des décisions éclairées et de développer des stratégies qui correspondent aux besoins du marché. Les méthodes d'étude de marché peuvent inclure des enquêtes, des entretiens, des groupes de discussion et l'analyse de rapports et de données de l'industrie.

Identification du public cible : création de personnalités d'acheteurs

Ensuite, nous nous penchons sur le processus d'identification et de compréhension du public cible. En créant des personnalités d'acheteurs détaillées, les entreprises peuvent développer une image claire de leurs clients idéaux. Les personnalités de l'acheteur sont des représentations fictives du public cible, y compris des informations démographiques, des intérêts, des points faibles, des motivations et des modèles de comportement. Cette compréhension permet aux entreprises d'adapter leurs stratégies de marketing numérique pour atteindre et interagir efficacement avec leur public cible, en transmettant les bons messages via les bons canaux.

Analyse des concurrents : Comprendre le paysage concurrentiel

L'analyse des concurrents est un autre élément crucial de l'étude de marché. Il s'agit d'évaluer les forces et les faiblesses des concurrents, leur positionnement sur le marché et leurs stratégies de marketing numérique. En étudiant les sites Web des concurrents, la présence sur les réseaux sociaux, le contenu, les campagnes publicitaires et les avis des clients, les entreprises peuvent avoir un aperçu de ce qui fonctionne bien et identifier les domaines d'opportunité. L'analyse des concurrents aide les entreprises à se différencier, à comprendre les références de l'industrie et à identifier les stratégies qui peuvent leur donner un avantage concurrentiel.

Identification des opportunités : analyse SWOT

Dans le cadre d'une étude de marché et d'une analyse des concurrents, la réalisation d'une analyse SWOT est très bénéfique. SWOT signifie Forces, Faiblesses, Opportunités et Menaces. Il aide les entreprises à identifier leurs propres forces et faiblesses, ainsi que les opportunités et les menaces présentes sur le marché et le paysage concurrentiel. En comprenant ces facteurs, les entreprises peuvent tirer parti de leurs forces, remédier à leurs faiblesses, exploiter les opportunités et atténuer les menaces potentielles. L'analyse SWOT sert de base à l'élaboration d'une stratégie de marketing numérique ciblée et efficace.

Collecte de données et d'informations

Tout au long du processus d'étude de marché et d'analyse des concurrents, il est essentiel de recueillir des données et des informations pertinentes. Cela inclut des données sur les préférences des clients, les tendances du marché, les rapports de l'industrie, les performances des concurrents et les commentaires des clients. Divers outils et ressources, tels que des sondages en ligne, des outils d'écoute sociale, des plateformes d'analyse et des rapports d'études de marché, peuvent fournir des données et des informations précieuses. Les entreprises doivent collecter et analyser ces informations pour éclairer leurs stratégies de marketing numérique et prendre des décisions basées sur les données.

En menant des études de marché approfondies et des analyses de la concurrence, les entreprises acquièrent une compréhension approfondie de leur marché cible, du comportement des consommateurs et du paysage concurrentiel. Armés de ces informations, ils peuvent développer des stratégies de marketing numérique qui résonnent avec leur public cible, se différencier des concurrents et capitaliser sur les opportunités du marché. Les connaissances acquises grâce aux études de marché et à l'analyse des concurrents constituent une base solide pour les étapes suivantes de l'élaboration d'une stratégie de marketing numérique efficace.

Identification du public cible et création de personas d'acheteur

Dans ce chapitre, nous nous penchons sur le processus d'identification du public cible et de création de personnalités d'acheteurs en tant qu'étapes essentielles pour élaborer une stratégie de marketing numérique efficace. Comprendre le public cible est essentiel pour que les entreprises adaptent leurs messages marketing, sélectionnent les canaux appropriés et s'engagent efficacement auprès des clients potentiels. En créant des personnalités d'acheteurs détaillées, les entreprises peuvent développer une compréhension approfondie de leurs clients idéaux, de leurs besoins, de leurs préférences et de leurs comportements.

Comprendre l'importance du public cible

Nous commençons par souligner l'importance d'identifier le public cible. Le public cible représente le groupe spécifique de personnes ou d'entreprises que l'entreprise vise à atteindre et à servir.

La définition du public cible permet aux entreprises de concentrer leurs efforts de marketing, d'allouer efficacement les ressources et de diffuser des messages personnalisés et pertinents. Comprendre le public cible permet aux entreprises de se connecter avec des clients potentiels à un niveau plus profond et d'établir des relations significatives.

Collecte d'informations démographiques et psychographiques

Pour créer des personnalités d'acheteurs, les entreprises recueillent des informations démographiques et psychographiques sur leur public cible. Les informations démographiques comprennent l'âge, le sexe, le lieu, le niveau de revenu, la profession et d'autres facteurs pertinents. Les informations psychographiques approfondissent les intérêts, les valeurs, les modes de vie, les motivations et les préférences du public cible. Ces informations aident les entreprises à comprendre la composition psychographique de leur public cible, leur permettant d'adapter leurs stratégies de marketing numérique pour répondre à leurs besoins et désirs spécifiques.

Réalisation d'enquêtes et d'entretiens

Les enquêtes et les entretiens sont des méthodes efficaces pour recueillir des informations sur le public cible. Les entreprises peuvent créer des sondages en ligne ou mener des entretiens individuels pour mieux comprendre les préférences, les points faibles et les motivations des clients. En posant des questions spécifiques liées à l'entreprise et à ses offres, les entreprises peuvent collecter des données précieuses qui informent la création de personnalités d'acheteurs. Les sondages et les entretiens fournissent une rétroaction directe du public cible, aidant les entreprises à comprendre leurs besoins et leurs défis.

Analyser les données et le comportement des clients

L'analyse des données et du comportement des clients est un autre aspect crucial de l'identification du public cible. En utilisant des outils d'analyse et en suivant les interactions des clients sur les sites Web, les plateformes de médias sociaux et d'autres canaux numériques, les entreprises peuvent recueillir des données précieuses sur le comportement des clients, notamment les habitudes de navigation, les niveaux d'engagement et l'historique des achats. Ces données fournissent des informations sur les préférences du public cible, permettant aux entreprises de personnaliser leurs stratégies de marketing numérique en conséquence.

Création de personnalités d'acheteur détaillées

Sur la base des informations recueillies, les entreprises peuvent créer des personnalités d'acheteur détaillées. Un buyer persona est une représentation fictive du client idéal, intégrant des caractéristiques démographiques et psychographiques. Les personas d'acheteur incluent généralement un nom, une photo, un intitulé de poste, des antécédents personnels, des objectifs, des défis et d'autres détails pertinents. En visualisant le public cible par le biais de personnalités d'acheteurs, les entreprises peuvent mieux comprendre leurs besoins, leurs préférences et leurs motivations, ce qui leur permet d'adapter leurs messages, contenus et offres de marketing numérique pour s'engager et se connecter efficacement avec des clients potentiels.

Affinage et mise à jour des Buyer Personas

Les personnalités de l'acheteur doivent être affinées et mises à jour périodiquement pour refléter tout changement dans le public cible. À mesure que le marché évolue, les comportements et les préférences des consommateurs peuvent changer. Les entreprises doivent effectuer des recherches régulières, analyser les commentaires des clients et surveiller les tendances du marché pour s'assurer que leurs personnalités d'acheteur restent exactes et à jour. L'affinement et la mise à jour des buyer personas permettent aux entreprises d'adapter leurs stratégies de marketing numérique à l'évolution des besoins et des attentes de leur public cible.

En identifiant le public cible et en créant des profils d'acheteurs détaillés, les entreprises acquièrent une meilleure compréhension de leurs clients idéaux. Cette compréhension leur permet de développer des stratégies de marketing numérique sur mesure, de sélectionner les canaux appropriés et de fournir des messages personnalisés qui résonnent avec le public cible. La création de personnalités d'acheteurs sert de base aux étapes suivantes de l'élaboration d'une stratégie de marketing numérique efficace, garantissant que les entreprises peuvent s'engager et se connecter efficacement avec leur public cible et générer des résultats significatifs.

Choisir les bons canaux de marketing numérique

Dans ce chapitre, nous explorons le processus de choix des bons canaux de marketing numérique en tant qu'étape cruciale dans l'élaboration d'une stratégie de marketing numérique efficace. Avec de nombreux canaux numériques disponibles, les entreprises doivent identifier les plateformes qui correspondent à leur public cible, leurs objectifs commerciaux et leurs objectifs marketing. En sélectionnant les canaux les plus pertinents, les entreprises peuvent atteindre et engager efficacement leur public cible, maximisant ainsi leurs efforts de marketing numérique..

Comprendre les différents canaux de marketing numérique

Nous commençons par donner un aperçu des différents canaux de marketing numérique disponibles. Ces canaux englobent un large éventail de plates-formes et de tactiques, y compris le marketing des moteurs de recherche (SEM), le marketing des médias sociaux, le marketing par e-mail, le marketing de contenu, le marketing d'influence, la publicité display, etc. Chaque canal a ses propres caractéristiques, avantages et données démographiques d'audience. Comprendre les différents canaux aide les entreprises à prendre des décisions éclairées concernant ceux à exploiter pour leurs stratégies de marketing numérique.

Définir les préférences du public cible

Pour choisir les bons canaux de marketing numérique, les entreprises doivent avoir une compréhension claire des préférences et des comportements de leur public cible. La réalisation d'études de marché, l'analyse des données clients et la référence aux personnalités des acheteurs peuvent fournir des informations sur les canaux qui résonnent le plus avec le public cible. Par exemple, si le public cible est principalement composé de jeunes professionnels, les plateformes de médias sociaux comme Instagram ou LinkedIn pourraient être plus efficaces pour les atteindre et les impliquer.

Aligner les canaux sur les objectifs commerciaux

Les canaux de marketing numérique doivent s'aligner sur les objectifs commerciaux et les objectifs marketing. Différents canaux excellent pour atteindre des résultats spécifiques. Par exemple, le marketing des moteurs de recherche (SEM) peut être efficace pour générer du trafic et des conversions sur le site Web, tandis que le marketing des médias sociaux est bien adapté pour renforcer la notoriété de la marque et favoriser l'engagement des clients. En alignant les canaux sur les résultats souhaités, les entreprises s'assurent que leurs efforts de marketing numérique sont ciblés et utiles.

Tenir compte de l'adéquation du canal et des ressources

Les entreprises doivent également tenir compte de la pertinence de chaque canal en fonction de leur secteur, de leurs ressources et de leurs capacités. Certains canaux peuvent nécessiter des investissements plus importants en termes de temps, de budget et d'expertise. Il est crucial d'évaluer la faisabilité de tirer parti de certains canaux et de s'assurer que les ressources nécessaires sont disponibles pour exécuter des campagnes efficaces. Par exemple, le marketing vidéo peut être un canal puissant, mais il nécessite un équipement, des capacités de montage et une expertise créative appropriés.

Évaluation du paysage concurrentiel

L'analyse des efforts de marketing numérique des concurrents peut fournir des informations précieuses sur les canaux qu'ils utilisent et leur efficacité. En surveillant les activités des concurrents, les entreprises peuvent identifier les opportunités, apprendre de leurs succès et de leurs échecs et déterminer quels canaux correspondent à leur propre proposition de valeur unique. Cette évaluation aide les entreprises à prendre des décisions éclairées sur les canaux qui leur donneront un avantage concurrentiel dans l'espace numérique.

Test et itération

Les stratégies de marketing numérique doivent être dynamiques et adaptables. Les entreprises peuvent tester différents canaux, messages et tactiques pour évaluer leur efficacité. Grâce aux tests A/B et à l'analyse des données, les entreprises peuvent identifier les canaux qui génèrent l'engagement, les conversions et le retour sur investissement les plus élevés. Cette approche itérative permet une amélioration continue et une optimisation de la stratégie de marketing numérique dans le temps.

En choisissant les bons canaux de marketing numérique, les entreprises peuvent atteindre efficacement leur public cible, diffuser des messages personnalisés et atteindre leurs objectifs marketing. Comprendre les différents canaux disponibles, les aligner sur les préférences et les objectifs commerciaux du public cible, tenir compte des ressources disponibles et surveiller le paysage concurrentiel contribuent tous à prendre des décisions éclairées. Des tests et une optimisation réguliers garantissent que les entreprises gardent une longueur d'avance sur les tendances et effectuent des ajustements basés sur les données pour un impact maximal. La sélection stratégique des canaux de marketing numérique prépare le terrain pour une mise en œuvre réussie de la stratégie globale de marketing numérique.

Chapitre 4
Optimisation du site Web et expérience utilisateur

Comprendre l'importance de l'optimisation du site Web et de l'expérience utilisateur

Dans ce chapitre, nous nous penchons sur l'importance de l'optimisation du site Web et de l'expérience utilisateur dans l'élaboration d'une stratégie de marketing numérique efficace. Un site Web bien optimisé avec une expérience utilisateur transparente est essentiel pour attirer, engager et convertir les visiteurs. En se concentrant sur l'optimisation du site Web et l'expérience utilisateur, les entreprises peuvent maximiser l'efficacité de leurs efforts de marketing numérique et susciter les actions souhaitées auprès de leur public cible.

Optimisation des performances du site Web

Nous commençons par discuter de l'optimisation des performances du site Web, qui consiste à s'assurer que le site Web se charge rapidement et fonctionne de manière fluide sur divers appareils et navigateurs. Les sites Web à chargement lent peuvent entraîner des taux de rebond plus élevés et de la frustration chez les utilisateurs. Nous explorons des techniques telles que l'optimisation de la taille des images, la minimisation des requêtes HTTP et l'utilisation de la mise en cache et des réseaux de diffusion de contenu (CDN) pour améliorer la vitesse du site Web. En donnant la priorité aux performances du site Web, les entreprises peuvent améliorer la satisfaction des utilisateurs et encourager des sessions de navigation plus longues.

Réactivité et adaptabilité mobiles

Avec l'utilisation croissante des appareils mobiles, il est crucial pour les entreprises d'optimiser leurs sites Web pour la réactivité mobile. Nous soulignons l'importance d'une conception Web réactive, qui garantit que le site Web s'adapte de manière transparente aux différentes tailles et résolutions d'écran. Les sites Web adaptés aux mobiles offrent une expérience utilisateur positive, permettant aux utilisateurs de naviguer facilement, de lire le contenu et d'interagir avec les fonctionnalités du site Web, quel que soit l'appareil qu'ils utilisent. Les entreprises qui accordent la priorité à la réactivité mobile peuvent atteindre et engager un public plus large et garder une longueur d'avance dans le paysage numérique concurrentiel.

Navigation intuitive et architecture de l'information

Une navigation intuitive et conviviale sur le site Web est essentielle pour améliorer l'expérience utilisateur. Nous discutons de l'importance de menus de navigation clairs et organisés, d'une hiérarchie de pages logique et d'une fonctionnalité de recherche facilement accessible. En offrant aux utilisateurs une expérience de navigation transparente et intuitive, les entreprises peuvent aider les visiteurs à trouver les informations qu'ils recherchent rapidement et sans effort. Une architecture d'informations bien structurée garantit que les utilisateurs peuvent naviguer facilement sur le site Web, ce qui augmente l'engagement et réduit les taux de rebond..

Contenu convaincant et pertinent

Un contenu convaincant et pertinent est un moteur clé de l'engagement et des conversions des utilisateurs. Nous explorons l'importance de créer un contenu de haute qualité, informatif et engageant qui résonne avec le public cible. Les entreprises doivent créer un contenu qui aborde les points faibles de leur public, fournit des informations précieuses et met en valeur leur expertise. En fournissant un contenu qui répond aux besoins et aux attentes des utilisateurs, les entreprises peuvent établir leur crédibilité, instaurer la confiance et encourager les visiteurs à effectuer les actions souhaitées, telles que faire un achat, s'abonner à une newsletter ou remplir un formulaire de contact.

Optimisation du taux de conversion

L'optimisation du taux de conversion (CRO) se concentre sur l'amélioration du taux auquel les visiteurs du site Web se convertissent en clients ou prennent les mesures souhaitées. Nous discutons de techniques telles que la mise en œuvre de boutons d'appel à l'action clairs et convaincants, l'optimisation des pages de destination et la réalisation de tests A/B pour identifier les éléments et les conceptions les plus efficaces. En analysant en permanence le comportement des utilisateurs, en suivant les mesures de conversion et en effectuant des optimisations basées sur les données, les entreprises peuvent améliorer le taux de conversion et maximiser le retour sur investissement de leurs efforts de marketing numérique.

Tests d'utilisabilité et amélioration continue

Enfin, nous soulignons l'importance des tests d'utilisabilité et de l'amélioration continue. Les tests d'utilisabilité impliquent de recueillir les commentaires des utilisateurs pour identifier les points faibles, les zones de confusion ou les opportunités d'amélioration. En effectuant des tests d'utilisabilité, les entreprises peuvent prendre des décisions éclairées et mettre en œuvre des changements qui améliorent l'expérience utilisateur globale. De plus, une culture d'amélioration continue garantit que le site Web évolue avec les besoins des utilisateurs, les tendances de l'industrie et les progrès technologiques. Une surveillance, une analyse et une optimisation régulières basées sur les commentaires des utilisateurs et les informations sur les données aident les entreprises à offrir une expérience utilisateur exceptionnelle et à conserver un avantage concurrentiel.

En se concentrant sur l'optimisation du site Web et l'expérience utilisateur, les entreprises peuvent créer une présence en ligne convaincante et conviviale. Un site Web bien optimisé qui offre une expérience transparente et attrayante sur tous les appareils augmente la satisfaction des utilisateurs, encourage un engagement plus long et génère des conversions. En donnant la priorité aux performances du site Web, à la réactivité mobile, à la navigation intuitive, au contenu attrayant, à l'optimisation du taux de conversion et à l'amélioration continue, les entreprises peuvent créer un site Web qui non seulement attire les visiteurs, mais offre également une expérience utilisateur positive et percutante.

Conception d'un site Web convivial

Dans ce chapitre, nous nous penchons sur le processus de conception d'un site Web convivial, qui est essentiel pour offrir aux visiteurs une expérience positive et maximiser l'efficacité des efforts de marketing numérique. Un site Web convivial garantit que les visiteurs peuvent naviguer, s'engager et trouver des informations facilement, ce qui entraîne une augmentation de l'engagement, des conversions et de la satisfaction des clients.

Navigation claire et intuitive

Nous commençons par souligner l'importance d'une navigation claire et intuitive. Un menu de navigation bien conçu permet aux visiteurs de trouver rapidement et sans effort les informations qu'ils recherchent. Nous discutons de techniques telles que l'organisation logique des éléments de navigation, l'utilisation d'étiquettes descriptives et la fourniture de fils d'Ariane pour aider les utilisateurs à comprendre leur emplacement actuel dans la structure du site Web. En simplifiant la navigation et en réduisant les frictions, les entreprises peuvent améliorer l'expérience utilisateur et encourager les visiteurs à explorer davantage.

Conception réactive et adaptée aux mobiles

Avec l'utilisation croissante des appareils mobiles, il est crucial de concevoir des sites Web réactifs et adaptés aux mobiles. Nous explorons l'importance de la conception Web réactive, qui garantit que le site Web s'adapte de manière transparente aux différentes tailles et résolutions d'écran. En optimisant la mise en page du site Web, les tailles de police et les éléments interactifs pour les appareils mobiles, les entreprises peuvent offrir une expérience utilisateur cohérente et agréable sur toutes les plateformes. La conception adaptée aux mobiles améliore non seulement la satisfaction des utilisateurs, mais améliore également le classement des moteurs de recherche, car les moteurs de recherche donnent la priorité aux sites Web adaptés aux mobiles dans leurs résultats.

Contenu lisible et engageant

Un contenu lisible et attrayant est un élément clé d'un site Web convivial. Nous discutons de l'importance d'utiliser des polices claires et lisibles, des tailles de police appropriées et un interligne suffisant pour améliorer la lisibilité. Les entreprises doivent également se concentrer sur la création de contenu concis et scannable, en utilisant des titres, des puces et des visuels pour décomposer le texte et améliorer la compréhension. En présentant les informations de manière visuellement attrayante et facile à digérer, les entreprises peuvent fidéliser les visiteurs et les encourager à passer plus de temps sur le site Web.

Image de marque et conception visuelle cohérentes

Une image de marque et une conception visuelle cohérentes contribuent à une expérience utilisateur cohérente et professionnelle. Nous explorons l'importance d'incorporer des éléments de marque cohérents, tels que des logos, des combinaisons de couleurs et une typographie, sur l'ensemble du site Web. La cohérence des éléments de conception aide à renforcer la reconnaissance de la marque et favorise un sentiment de confiance et de familiarité parmi les visiteurs. En maintenant un design visuellement attrayant et cohérent, les entreprises peuvent améliorer l'expérience utilisateur globale et renforcer leur identité de marque.

Vitesse de chargement des pages optimisée

La vitesse de chargement des pages joue un rôle crucial dans l'expérience utilisateur et les performances du site Web. Nous discutons de techniques telles que l'optimisation de la taille des images, la réduction du temps de réponse du serveur et l'utilisation de la mise en cache du navigateur pour améliorer la vitesse de chargement des pages. Un site Web à chargement rapide réduit les taux de rebond et maintient l'engagement des visiteurs, car ils n'ont pas à attendre que le contenu apparaisse. En donnant la priorité à l'optimisation de la vitesse des pages, les entreprises peuvent offrir une expérience de navigation transparente et efficace, améliorant la satisfaction des utilisateurs et encourageant les visites répétées.

Formulaires conviviaux et appels à l'action

Des formulaires conviviaux et des appels à l'action sont essentiels pour faciliter les conversions et capturer les informations des visiteurs. Nous explorons les meilleures pratiques pour concevoir des formulaires faciles à remplir, avec des étiquettes claires et des champs de saisie appropriés. Les entreprises doivent également optimiser les appels à l'action (CTA) en les rendant visuellement proéminents, en utilisant une copie convaincante et en veillant à ce qu'ils se démarquent sur la page. En simplifiant le processus de conversion et en le rendant convivial, les entreprises peuvent augmenter la probabilité que les visiteurs effectuent les actions souhaitées.

Tests et commentaires des utilisateurs

Tout au long du processus de conception du site Web, les tests et les commentaires des utilisateurs jouent un rôle crucial dans l'identification des domaines à améliorer et l'amélioration de l'expérience utilisateur. Nous discutons de l'importance d'effectuer des tests d'utilisabilité, de recueillir les commentaires d'utilisateurs réels et d'intégrer leurs idées dans les itérations de conception de sites Web. En impliquant activement les utilisateurs dans le processus de conception, les entreprises peuvent découvrir les problèmes d'utilisabilité, optimiser le flux d'utilisateurs et fournir un site Web qui correspond aux besoins et aux attentes des utilisateurs.

En se concentrant sur la conception d'un site Web convivial, les entreprises peuvent créer une expérience en ligne positive et attrayante pour les visiteurs. Une navigation claire et intuitive, une conception réactive, un contenu lisible, une image de marque cohérente, une vitesse de chargement de page optimisée, des formulaires et des appels à l'action conviviaux et des tests d'utilisateurs contribuent tous à un site Web facile à utiliser et offrant une expérience utilisateur transparente. En donnant la priorité aux principes de conception centrés sur l'utilisateur, les entreprises peuvent accroître l'engagement, les conversions et la satisfaction client, ce qui, en fin de compte, contribue au succès de leurs efforts de marketing numérique.

Mise en œuvre des techniques d'optimisation des moteurs de recherche (SEO)

Dans ce chapitre, nous explorons l'importance de la mise en œuvre de techniques d'optimisation pour les moteurs de recherche (SEO) dans le cadre de l'optimisation d'un site Web. Le référencement joue un rôle essentiel dans l'amélioration de la visibilité du site Web, la génération de trafic organique et l'amélioration de l'expérience utilisateur globale. En mettant en œuvre des stratégies de référencement efficaces, les entreprises peuvent accroître leur présence en ligne, attirer des visiteurs pertinents et obtenir un meilleur classement dans les pages de résultats des moteurs de recherche (SERP)..

Recherche et optimisation de mots-clés

Nous commençons par discuter de l'importance de la recherche de mots clés dans le référencement. La recherche de mots clés consiste à identifier les termes et expressions de recherche que les clients potentiels utilisent lorsqu'ils recherchent des produits, des services ou des informations liées à l'entreprise. En effectuant des recherches approfondies sur les mots-clés, les entreprises peuvent découvrir des informations précieuses sur l'intention et le comportement des utilisateurs. L'optimisation du contenu du site Web, y compris les en-têtes, les titres, les méta-descriptions et le contenu de la page, avec des mots-clés pertinents aide les moteurs de recherche à comprendre la pertinence du site Web par rapport aux requêtes des utilisateurs.

Optimisation sur la page

L'optimisation sur la page se concentre sur l'optimisation des pages Web individuelles pour améliorer leur visibilité et leur pertinence pour les moteurs de recherche. Nous explorons des techniques telles que l'optimisation des balises méta, la structure des URL, les en-têtes et les balises alt d'image. En adhérant aux meilleures pratiques d'optimisation sur la page, les entreprises peuvent améliorer l'exploration et l'indexabilité de leur site Web, ce qui permet aux moteurs de recherche de comprendre et de classer plus facilement le contenu.

Référencement technique

Le référencement technique consiste à optimiser les aspects techniques d'un site Web pour s'assurer que les moteurs de recherche peuvent explorer, indexer et comprendre efficacement le contenu. Nous discutons de techniques telles que les sitemaps XML, les fichiers robots.txt, les balises canoniques et le balisage de schéma. La mise en œuvre de pratiques techniques de référencement aide les moteurs de recherche à interpréter avec précision le contenu du site Web et améliore les performances globales du site Web, ce qui a un impact positif sur les classements de recherche.

Architecture et structure du site Web

L'architecture et la structure du site Web jouent un rôle crucial dans l'expérience utilisateur et le référencement. Nous discutons de l'importance d'organiser le contenu en catégories logiques, de créer une structure de navigation claire et intuitive et de mettre en œuvre des stratégies de liens internes. Un site Web bien structuré améliore non seulement la navigation des utilisateurs, mais permet également aux moteurs de recherche d'explorer et de comprendre la hiérarchie et la pertinence du contenu du site Web.

Optimisation du contenu

L'optimisation du contenu se concentre sur la création d'un contenu de haute qualité, informatif et pertinent qui s'aligne sur l'intention de l'utilisateur et les directives des moteurs de recherche. Nous explorons des techniques telles que l'incorporation naturelle de mots-clés ciblés, l'optimisation de la longueur et de la lisibilité du contenu, et l'utilisation de balises d'en-tête et de puces. En optimisant le contenu du site Web, les entreprises peuvent améliorer la visibilité des moteurs de recherche, attirer du trafic organique et fournir des informations précieuses aux utilisateurs..

Optimisation mobile

L'optimisation mobile est essentielle, compte tenu de l'utilisation croissante des appareils mobiles pour la navigation sur Internet. Nous discutons de l'importance d'une conception Web réactive, d'une vitesse de chargement rapide des pages et d'interfaces utilisateur adaptées aux mobiles. L'optimisation mobile garantit que les sites Web offrent une expérience transparente et conviviale sur différents appareils, améliorant à la fois la satisfaction des utilisateurs et le classement des moteurs de recherche.

Création de liens et référencement hors page

La création de liens et les techniques de référencement hors page sont essentielles pour établir l'autorité et la crédibilité du site Web. Nous explorons des stratégies telles que l'acquisition de backlinks de haute qualité à partir de sites Web réputés, la promotion des médias sociaux et la promotion de relations avec des influenceurs de l'industrie. Des efforts efficaces de création de liens améliorent la réputation et la visibilité du site Web, signalant aux moteurs de recherche que le site Web offre un contenu précieux et mérite des classements plus élevés.

Surveillance et analyse régulières

Un suivi et une analyse réguliers sont essentiels pour mesurer l'efficacité des stratégies de référencement et effectuer des optimisations basées sur les données. Nous discutons de l'importance de surveiller les indicateurs de performance clés (KPI) tels que le trafic organique, les classements, les taux de rebond et les conversions. En tirant parti des outils d'analyse et en restant informé des mises à jour des algorithmes des moteurs de recherche, les entreprises peuvent identifier les domaines à améliorer, affiner leurs stratégies de référencement et rester en tête des classements des moteurs de recherche.

En mettant en œuvre des techniques de référencement efficaces, les entreprises peuvent améliorer la visibilité de leur site Web, attirer du trafic organique et améliorer l'expérience utilisateur globale. La recherche et l'optimisation des mots clés, le référencement sur page et technique, l'architecture et la structure du site Web, l'optimisation du contenu, l'optimisation mobile, la création de liens et le référencement hors page, ainsi qu'un suivi et une analyse réguliers contribuent tous à une stratégie de référencement complète. En optimisant continuellement leurs sites Web pour les moteurs de recherche, les entreprises peuvent accroître leur présence en ligne, atteindre leur public cible et réaliser une croissance durable.

Améliorer les performances du site Web et l'optimisation mobile

Dans ce chapitre, nous explorons l'importance d'améliorer les performances du site Web et l'optimisation mobile en tant que parties intégrantes de l'optimisation du site Web et de l'expérience utilisateur. Un site Web réactif à chargement rapide améliore non seulement la satisfaction des utilisateurs, mais contribue également à un meilleur classement dans les moteurs de recherche et à une augmentation des conversions. En se concentrant sur les performances du site Web et l'optimisation mobile, les entreprises peuvent offrir une expérience transparente et attrayante à leur public sur divers appareils.

Optimisation de la vitesse de chargement des pages

Nous commençons par discuter de l'importance d'optimiser la vitesse de chargement des pages. Les sites Web à chargement lent peuvent entraîner des taux de rebond élevés et des visiteurs frustrés. Nous explorons des techniques telles que l'optimisation de la taille des images, la réduction du code et des scripts, l'exploitation de la mise en cache du navigateur et l'utilisation des réseaux de diffusion de contenu (CDN). En mettant en œuvre ces pratiques d'optimisation, les entreprises peuvent améliorer les temps de chargement du site Web, offrant une expérience de navigation fluide et efficace qui maintient les visiteurs engagés et les encourage à explorer davantage.

Site Web adaptatif

Avec l'essor de la navigation mobile, la conception Web réactive est devenue cruciale pour offrir une expérience cohérente et conviviale sur différents appareils et tailles d'écran. Nous approfondissons l'importance de concevoir des sites Web qui s'adaptent automatiquement à diverses résolutions et orientations. La conception réactive garantit que les éléments, le contenu et les fonctionnalités du site Web restent accessibles et visuellement attrayants, quel que soit l'appareil utilisé. En donnant la priorité à la conception Web réactive, les entreprises peuvent répondre à l'audience mobile croissante et offrir une expérience transparente sur les smartphones et les tablettes.

Interface utilisateur adaptée aux mobiles

L'optimisation mobile va au-delà de la conception réactive. Nous discutons de l'importance de créer une interface utilisateur conviviale pour les mobiles, spécifiquement adaptée aux caractéristiques uniques des appareils mobiles. Cela comprend la conception de boutons et de menus tactiles, l'utilisation de tailles de police et d'espacements appropriés pour les écrans mobiles, et la simplification des formulaires et de la navigation pour une utilisation facile sur des écrans plus petits. En optimisant l'interface utilisateur pour les appareils mobiles, les entreprises peuvent s'assurer que les utilisateurs mobiles ont une expérience positive et intuitive, conduisant à une augmentation de l'engagement et des conversions.

Pages mobiles accélérées (AMP)

Accelerated Mobile Pages (AMP) est une technologie qui améliore encore l'optimisation mobile en offrant des temps de chargement ultra-rapides pour les pages Web mobiles. Nous explorons les avantages de la mise en œuvre de l'AMP, tels que l'amélioration de l'expérience utilisateur, la réduction des taux de rebond et une meilleure visibilité dans les résultats de recherche mobile. En créant des versions AMP de pages Web pertinentes, les entreprises peuvent offrir une expérience de navigation mobile exceptionnelle, en particulier pour les pages axées sur le contenu comme les articles, les articles de blog et les mises à jour.

Rationalisation et optimisation du code du site Web

L'efficacité du code du site Web a un impact significatif sur les performances. Nous discutons de l'importance de rationaliser et d'optimiser le code du site Web pour réduire les scripts, CSS et HTML inutiles. En minimisant le code, en éliminant les ressources bloquant le rendu et en compressant les fichiers, les entreprises peuvent améliorer la vitesse de chargement du site Web et les performances globales. Un code propre et optimisé garantit que les pages Web sont livrées rapidement et efficacement, améliorant l'expérience utilisateur et la visibilité des moteurs de recherche.

Test et optimisation sur tous les appareils

Pour garantir une expérience transparente sur divers appareils, les entreprises doivent effectuer des tests et une optimisation approfondis. Nous soulignons l'importance de tester les sites Web sur différentes tailles d'écran, systèmes d'exploitation et navigateurs. En identifiant et en résolvant tout problème d'utilisabilité ou d'affichage, les entreprises peuvent offrir une expérience utilisateur cohérente et de haute qualité à travers le paysage diversifié des appareils utilisés par leur public.

Surveillance et amélioration continues

Les performances du site Web et l'optimisation mobile nécessitent une surveillance continue et une amélioration continue. Nous discutons de l'importance d'utiliser des outils d'analyse pour suivre les indicateurs de performance clés (KPI), tels que la vitesse de chargement des pages, les taux de rebond et l'engagement des utilisateurs sur différents appareils. En analysant régulièrement les données, en identifiant les domaines à améliorer et en mettant en œuvre des changements itératifs, les entreprises peuvent s'assurer que leur site Web reste rapide, convivial et optimisé pour les appareils mobiles.

En améliorant les performances du site Web et en mettant en œuvre des stratégies d'optimisation mobile, les entreprises peuvent offrir une expérience utilisateur transparente et attrayante sur tous les appareils. L'optimisation de la vitesse de chargement des pages, l'adoption d'une conception Web réactive, la création d'interfaces utilisateur adaptées aux mobiles, l'utilisation d'AMP, la rationalisation du code du site Web, la réalisation de tests et d'optimisation, ainsi que la surveillance et l'amélioration continues des performances contribuent toutes à une expérience utilisateur exceptionnelle. En donnant la priorité aux performances du site Web et à l'optimisation mobile, les entreprises peuvent accroître la satisfaction des utilisateurs, générer des conversions et garder une longueur d'avance dans le paysage numérique concurrentiel.

CHAPITRE 5
Marketing de contenu et narration

Dans ce chapitre, nous nous penchons sur la puissance du marketing de contenu et de la narration en tant que stratégies efficaces pour engager le public et favoriser le succès des entreprises. Le marketing de contenu consiste à créer et à partager un contenu précieux, pertinent et cohérent pour attirer et fidéliser un public cible clairement défini. En incorporant des techniques de narration, les entreprises peuvent créer un récit convaincant qui captive leur public et crée des liens émotionnels solides.

Comprendre le marketing de contenu

Nous commençons par explorer le concept de marketing de contenu et son importance dans le paysage numérique actuel. Le marketing de contenu va au-delà de la publicité traditionnelle et se concentre sur la fourniture d'informations précieuses, de divertissement ou d'éducation au public cible. Nous discutons des avantages du marketing de contenu, tels que l'établissement d'un leadership éclairé, le renforcement de la notoriété de la marque, l'entretien des relations avec les clients et la stimulation des conversions. En fournissant un contenu précieux, les entreprises peuvent se positionner comme des autorités de confiance dans leur secteur et gagner l'attention et la fidélité de leur public cible.

Créer du contenu engageant et pertinent

Nous soulignons l'importance de créer un contenu engageant et pertinent qui résonne avec le public cible. Nous discutons de divers types de contenu, notamment des articles de blog, des vidéos, des infographies, des podcasts et des publications sur les réseaux sociaux. Les entreprises doivent comprendre les préférences et les points faibles de leur public pour développer un contenu qui répond à leurs besoins et intérêts. En créant un contenu de haute qualité et précieux, les entreprises peuvent attirer et engager leur public, se positionnant comme une ressource incontournable pour les informations et les solutions.

Raconter des histoires captivantes

La narration est une technique puissante pour se connecter avec le public sur le plan émotionnel. Nous explorons les éléments d'une narration efficace, y compris le développement de personnages relatables, la création d'une intrigue convaincante et l'évocation d'émotions. En intégrant la narration dans les efforts de marketing de contenu, les entreprises peuvent engager et captiver leur public, en créant des expériences mémorables qui laissent une impression durable. Les histoires ont le pouvoir d'inspirer, de divertir et d'éduquer, ce qui en fait un outil efficace pour fidéliser la marque et stimuler l'engagement des clients.

Aligner le contenu sur l'identité de la marque

Nous discutons de l'importance d'aligner le contenu sur l'identité et les valeurs de la marque. La cohérence des messages, du ton et du style contribue à renforcer la personnalité de la marque et à trouver un écho auprès du public cible. Nous explorons des techniques pour intégrer des éléments de marque dans le contenu, telles que l'utilisation de la voix de la marque, l'incorporation de visuels de marque et la mise en valeur des valeurs de la marque à travers la narration. En s'assurant que le contenu s'aligne sur l'identité de la marque, les entreprises peuvent renforcer la perception de leur marque et favoriser un sentiment d'authenticité et de confiance parmi leur public.

Tirer parti des canaux de distribution de contenu

La création de contenu de qualité n'est que la moitié de la bataille ; les entreprises doivent également le distribuer efficacement pour atteindre leur public cible. Nous discutons de divers canaux de distribution de contenu, y compris les plateformes de médias sociaux, le marketing par e-mail, les collaborations d'influenceurs et l'optimisation des moteurs de recherche (SEO). Chaque canal nécessite une approche sur mesure pour maximiser la visibilité et l'engagement. En exploitant les bons canaux de distribution, les entreprises peuvent amplifier la portée de leur contenu, attirer de nouveaux publics et générer du trafic vers leur site Web.

Mesurer les performances du contenu et itérer

Mesurer la performance des efforts de marketing de contenu est crucial pour optimiser les stratégies et atteindre les résultats souhaités. Nous explorons les indicateurs de performance clés (KPI) tels que le trafic sur le site Web, les mesures d'engagement, la portée des médias sociaux et les taux de conversion. En utilisant des outils d'analyse et en analysant les données, les entreprises peuvent obtenir des informations sur le contenu qui résonne le mieux avec leur public et prendre des décisions basées sur les données pour la création de contenu futur. La surveillance continue et l'itération basée sur les informations sur les performances permettent aux entreprises d'affiner leurs stratégies de marketing de contenu et d'obtenir des résultats encore meilleurs.

En intégrant le marketing de contenu et la narration dans leurs stratégies, les entreprises peuvent se connecter avec leur public à un niveau plus profond, fidéliser leur marque et stimuler l'engagement et les conversions. Créer un contenu engageant et pertinent, raconter des histoires captivantes, aligner le contenu sur l'identité de la marque, tirer parti des canaux de distribution et mesurer les performances du contenu contribuent tous à une stratégie de marketing de contenu réussie. En fournissant constamment un contenu précieux et des récits engageants, les entreprises peuvent s'établir en tant qu'autorités de confiance et entretenir des relations durables avec leur public cible.

Créer un contenu convaincant et pertinent

Dans ce chapitre, nous explorons l'art de créer un contenu convaincant et pertinent en tant qu'aspect fondamental du marketing de contenu. Un contenu engageant et précieux est la pierre angulaire pour attirer et fidéliser un public, accroître la notoriété de la marque et, en fin de compte, atteindre le succès commercial. En comprenant les besoins et les intérêts du public cible, les entreprises peuvent créer un contenu qui résonne avec leur public et les établit comme une source fiable d'informations et de solutions.

Comprendre le public cible

Nous commençons par souligner l'importance de comprendre le public cible. En menant des études de marché, en analysant les données démographiques et en identifiant les acheteurs, les entreprises obtiennent des informations sur les préférences, les points faibles et les intérêts de leur public. Cette compréhension constitue la base de la création de contenu qui répond directement à leurs besoins et capte leur attention. En adaptant le contenu aux intérêts et aux défis spécifiques du public cible, les entreprises peuvent se positionner comme des ressources précieuses et établir des liens solides.

Fournir de la valeur et résoudre des problèmes

Un contenu de valeur est essentiel pour capter et retenir l'attention du public. Nous discutons de l'importance de fournir un contenu éducatif, informatif et divertissant qui aborde les problèmes du public ou propose des solutions. En offrant des idées, des astuces, des tutoriels ou des conseils d'experts, les entreprises peuvent s'imposer comme des leaders de l'industrie et des sources incontournables d'informations pertinentes. Un contenu de valeur renforce non seulement la confiance, mais encourage également le public à s'engager, à partager et à revenir pour plus.

Conte et émotion

La narration est une technique puissante pour créer des liens émotionnels avec le public. Nous explorons les éléments de la narration, tels que le développement du personnage, les conflits et la résolution. En incorporant la narration dans le contenu, les entreprises peuvent évoquer des émotions, captiver le public et avoir un impact durable. Les histoires ont la capacité d'inspirer, de divertir et de s'engager à un niveau plus profond, permettant aux entreprises de forger des liens significatifs et de favoriser la fidélité à la marque.

Contenu visuel et interactif

Le contenu visuel et interactif peut considérablement améliorer l'engagement et rendre le contenu plus mémorable. Nous discutons de l'efficacité de l'utilisation d'images, de vidéos, d'infographies et d'éléments interactifs pour capter l'attention du public et transmettre des informations de manière convaincante. Le contenu visuel non seulement décompose le texte, mais aide également à transmettre rapidement et efficacement des concepts complexes. Le contenu interactif, tel que les questionnaires, les enquêtes et les infographies interactives, encourage la participation du public et crée une expérience plus immersive.

Consistance et fraîcheur

La cohérence est essentielle pour maintenir l'engagement du public et fidéliser votre audience. Nous insistons sur l'importance de fournir du contenu de manière cohérente et de respecter un calendrier de contenu ou un calendrier de publication. La mise à jour régulière du contenu démontre l'engagement de l'entreprise à fournir des informations à jour et pertinentes. De plus, les entreprises doivent s'efforcer de créer un contenu frais et unique qui offre une nouvelle perspective ou présente les informations d'une manière nouvelle et intéressante. En restant à jour et innovantes, les entreprises peuvent attirer et retenir l'attention de leur public.

Titres et accroches engageants

Capter l'attention du public commence par des titres et des accroches attrayants. Nous explorons des techniques pour créer des titres convaincants qui piquent la curiosité et incitent les lecteurs à cliquer et à explorer davantage. Les entreprises doivent se concentrer sur la création de titres clairs, concis et intrigants qui transmettent la valeur et la pertinence du contenu. Les crochets, tels que des introductions convaincantes ou des déclarations d'ouverture, aident à captiver le public dès le début et l'obligent à continuer à lire ou à s'engager avec le contenu.

Contenu généré par l'utilisateur et preuve sociale

Le contenu généré par l'utilisateur et la preuve sociale jouent un rôle important dans l'établissement de la confiance et de l'authenticité. Nous discutons des avantages d'encourager le contenu généré par les utilisateurs, tels que les témoignages de clients, les critiques et les histoires fournies par les utilisateurs. En présentant des expériences réelles et des commentaires positifs, les entreprises peuvent tirer parti de la preuve sociale pour établir leur crédibilité et inspirer confiance à leur public. Le contenu généré par les utilisateurs favorise également un sentiment de communauté et encourage la participation du public.

En créant un contenu convaincant et pertinent, les entreprises peuvent captiver leur public, établir un leadership éclairé et stimuler l'engagement et les conversions. Comprendre le public cible, apporter de la valeur, incorporer la narration et l'émotion, tirer parti des éléments visuels et interactifs, maintenir la cohérence et la fraîcheur, créer des titres et des accroches attrayants et tirer parti du contenu généré par l'utilisateur contribuent tous à une stratégie de marketing de contenu robuste. En fournissant constamment un contenu de haute qualité qui répond aux besoins et aux intérêts du public, les entreprises peuvent établir des liens solides, favoriser la fidélité à la marque et réussir à long terme.

Mettre en œuvre des stratégies de distribution de contenu

Dans ce chapitre, nous explorons l'importance de la mise en œuvre de stratégies de distribution de contenu efficaces en tant qu'élément crucial du marketing de contenu. La création de contenu de qualité n'est que la moitié de la bataille ; les entreprises doivent également s'assurer que leur contenu atteint le public cible et génère un maximum de visibilité et d'engagement. En tirant parti de divers canaux et tactiques de distribution de contenu, les entreprises peuvent amplifier la portée de leur contenu, attirer de nouveaux publics et générer du trafic vers leur site Web..

Comprendre les canaux de distribution de contenu

Nous commençons par discuter des différents canaux de distribution de contenu disponibles. Ces canaux englobent un large éventail de plates-formes et de tactiques, y compris les plates-formes de médias sociaux, le marketing par e-mail, les collaborations d'influenceurs, les blogs invités, la syndication de contenu et l'optimisation des moteurs de recherche (SEO). Chaque canal offre des avantages et une portée d'audience uniques, et les entreprises doivent sélectionner avec soin les canaux qui correspondent aux préférences et aux comportements de leur public cible.

Marketing des médias sociaux

Les plateformes de médias sociaux sont des outils puissants pour la distribution de contenu. Nous explorons l'importance de sélectionner les bons canaux de médias sociaux en fonction de la démographie et des intérêts du public cible. Les entreprises doivent créer un contenu engageant et partageable qui trouve un écho auprès des utilisateurs des médias sociaux. En tirant parti des techniques de marketing des médias sociaux telles que la création de visuels attrayants, l'utilisation de hashtags appropriés et l'encouragement de la participation du public, les entreprises peuvent augmenter la visibilité du contenu, générer des partages sociaux et générer du trafic sur le site Web.

Publicité par e-mail

Le marketing par e-mail est une stratégie de distribution de contenu efficace pour atteindre directement un public ciblé. Nous discutons de l'importance de créer une liste de diffusion et de la segmenter en fonction des intérêts des utilisateurs. En élaborant des campagnes d'e-mail personnalisées et pertinentes qui fournissent un contenu précieux, les entreprises peuvent entretenir des relations avec leurs abonnés, générer du trafic vers des éléments de contenu spécifiques et encourager l'engagement et les conversions.

Collaborations d'influenceurs

Collaborer avec des influenceurs peut considérablement étendre la portée et la visibilité du contenu. Nous explorons les avantages d'identifier des influenceurs dans l'industrie ou la niche et de nous associer à eux pour promouvoir le contenu auprès de leur public. En tirant parti de la crédibilité et du suivi de l'influenceur, les entreprises peuvent puiser dans de nouveaux publics, obtenir une preuve sociale et générer du trafic vers leur contenu.

Blog invité

Les blogs invités impliquent la rédaction et la publication de contenu sur des sites Web ou des blogs externes. Nous discutons des avantages des blogs invités, tels que l'atteinte de nouveaux publics, la création de backlinks et l'établissement d'un leadership éclairé. En identifiant des sites Web réputés qui correspondent aux intérêts du public cible, les entreprises peuvent apporter un contenu précieux et se faire connaître auprès d'un lectorat plus large.

Syndication de contenu

La syndication de contenu implique la distribution de contenu via des plateformes ou des réseaux tiers. Nous explorons les avantages de la syndication de contenu sur des plateformes telles que Medium, LinkedIn Pulse ou des agrégateurs de contenu spécifiques à l'industrie. La syndication permet aux entreprises d'atteindre un public plus large, d'augmenter la visibilité de la marque et de rediriger le trafic vers leur site Web.

Optimisation des moteurs de recherche (SEO)

L'optimisation des moteurs de recherche (SEO) joue un rôle crucial dans la distribution de contenu en améliorant la visibilité du contenu dans les pages de résultats des moteurs de recherche (SERP). Nous discutons de l'importance d'optimiser le contenu pour les mots-clés pertinents, de créer des balises méta et des descriptions et de créer des backlinks de haute qualité. En mettant en œuvre des stratégies de référencement efficaces, les entreprises peuvent augmenter le trafic organique vers leur contenu et attirer des utilisateurs à la recherche active d'informations pertinentes.

Publicité payante

La publicité payante offre des opportunités de promotion de contenu ciblée. Nous explorons des options telles que la publicité sur les moteurs de recherche (pay-per-click), la publicité sur les réseaux sociaux et la publicité native. En allouant stratégiquement les budgets publicitaires et en ciblant des segments d'audience spécifiques, les entreprises peuvent amplifier la portée de leur contenu, générer du trafic sur leur site Web et accroître la visibilité de leur marque.

Surveillance et analyse

Il est essentiel de surveiller les performances des efforts de distribution de contenu pour comprendre quels canaux et quelles tactiques sont les plus efficaces. Nous discutons de l'importance de tirer parti des outils d'analyse pour suivre les indicateurs de performance clés (KPI), tels que le trafic sur le site Web, les mesures d'engagement, les taux de conversion et les partages sociaux. En analysant les données, les entreprises peuvent prendre des décisions basées sur les données, optimiser les stratégies de distribution de contenu et allouer des ressources aux canaux qui offrent les meilleurs résultats.

En mettant en œuvre des stratégies de distribution de contenu efficaces, les entreprises peuvent s'assurer que leur contenu atteint le public cible, génère de la visibilité et stimule l'engagement et les conversions. Tirer parti du marketing des médias sociaux, du marketing par e-mail, des collaborations d'influenceurs, des blogs invités, de la syndication de contenu, du référencement, de la publicité payante et des analyses de surveillance contribuent tous à un plan de distribution de contenu complet. En sélectionnant les bons canaux et les bonnes tactiques en fonction des préférences et des comportements du public, les entreprises peuvent maximiser l'impact de leur contenu et atteindre leurs objectifs de marketing de contenu.

Chapitre 6
Marketing des médias sociaux

Dans ce chapitre, nous nous penchons sur la puissance du marketing des médias sociaux en tant qu'élément essentiel des stratégies de marketing numérique. Les plateformes de médias sociaux ont révolutionné la communication et transformé la façon dont les entreprises se connectent à leur public. En tirant efficacement parti des médias sociaux, les entreprises peuvent améliorer la visibilité de leur marque, interagir avec les clients, générer du trafic sur le site Web et favoriser des relations significatives.

Comprendre le rôle du marketing des médias sociaux

Nous commençons par discuter de l'importance du marketing des médias sociaux dans le paysage numérique d'aujourd'hui. Les plateformes de médias sociaux offrent aux entreprises une ligne de communication directe avec leur public cible, leur permettant de renforcer la notoriété de la marque, de partager du contenu précieux et de s'engager dans des conversations significatives. Nous explorons les avantages du marketing des médias sociaux, tels que l'augmentation de la visibilité de la marque, l'élargissement de la portée et l'humanisation de la marque en créant des liens authentiques avec les clients.

Choisir les bonnes plateformes de médias sociaux

Toutes les plateformes de médias sociaux ne sont pas créées égales, et il est crucial pour les entreprises d'identifier les plateformes qui correspondent aux préférences et aux comportements de leur public cible. Nous discutons des plates-formes populaires telles que Facebook, Instagram, Twitter, LinkedIn, YouTube et Pinterest, en soulignant leurs caractéristiques uniques et les données démographiques de leur audience. En sélectionnant les bonnes plateformes, les entreprises peuvent concentrer leurs efforts sur les canaux qui ont le plus grand potentiel pour atteindre et engager efficacement leur public cible.

Créer du contenu engageant pour les médias sociaux

La création de contenu engageant est essentielle pour capter l'attention et l'intérêt des utilisateurs de médias sociaux. Nous explorons différents types de contenu, notamment des images, des vidéos, des infographies, des flux en direct et du contenu interactif. Les entreprises doivent se concentrer sur la fourniture d'un contenu précieux, divertissant et visuellement attrayant qui résonne avec leur public cible. En adaptant le contenu aux préférences et aux intérêts des utilisateurs de médias sociaux, les entreprises peuvent favoriser l'engagement, encourager le partage social et étendre leur portée.

Construire et entretenir une communauté de médias sociaux

Les médias sociaux offrent la possibilité de créer une communauté d'adeptes et de défenseurs fidèles. Nous discutons des stratégies pour favoriser l'engagement, telles que répondre aux commentaires et aux messages, poser des questions, organiser des concours ou des cadeaux et encourager le contenu généré par les utilisateurs. En s'engageant activement avec les abonnés, les entreprises peuvent établir des relations solides, obtenir des commentaires précieux et créer un sentiment d'appartenance et de loyauté au sein de la communauté des médias sociaux.

Utilisation de la publicité sur les réseaux sociaux

La publicité sur les réseaux sociaux offre de puissantes options de ciblage pour atteindre des segments d'audience spécifiques. Nous explorons les avantages des plateformes de publicité sur les réseaux sociaux, telles que les publicités Facebook, les publicités Instagram, les publicités Twitter et les publicités LinkedIn. Les entreprises peuvent tirer parti de la publicité payante pour amplifier leur portée, générer du trafic sur leur site Web, promouvoir des produits ou services spécifiques et générer des prospects. En développant des campagnes publicitaires stratégiques, les entreprises peuvent maximiser l'impact de leurs efforts de marketing sur les réseaux sociaux.

Surveillance et mesure des performances des médias sociaux

Le suivi et la mesure des performances des médias sociaux sont essentiels pour optimiser les stratégies et atteindre les résultats souhaités. Nous discutons de l'importance du suivi des mesures clés telles que la portée, l'engagement, la croissance des abonnés, les taux de clics et les conversions. En utilisant des outils d'analyse des médias sociaux et en analysant les données, les entreprises peuvent mieux comprendre l'efficacité de leurs efforts sur les médias sociaux, identifier les tendances et prendre des décisions basées sur les données pour améliorer les performances.

Rester à jour avec les tendances des médias sociaux

Les médias sociaux sont un paysage dynamique et en constante évolution. Nous soulignons l'importance de rester informé des dernières tendances, fonctionnalités et mises à jour des algorithmes des médias sociaux. En s'adaptant aux tendances émergentes et en adoptant de nouvelles fonctionnalités, les entreprises peuvent garder une longueur d'avance, capter l'attention du public et conserver un avantage concurrentiel dans leurs stratégies de marketing sur les réseaux sociaux.

En exploitant la puissance du marketing des médias sociaux, les entreprises peuvent renforcer la présence de leur marque, interagir avec leur public à un niveau personnel et générer des interactions significatives. La sélection des bonnes plateformes, la création de contenu engageant, la création d'une communauté de médias sociaux, l'utilisation des opportunités publicitaires, le suivi des performances et la mise à jour des tendances contribuent tous à une stratégie globale de marketing des médias sociaux. En exploitant efficacement les médias sociaux, les entreprises peuvent atteindre leurs objectifs marketing et prospérer dans le paysage numérique.

Développer une stratégie de médias sociaux

Dans ce chapitre, nous explorons le processus de développement d'une stratégie de médias sociaux efficace qui s'aligne sur les objectifs commerciaux et maximise l'impact des efforts de marketing des médias sociaux. Une stratégie de médias sociaux bien conçue fournit une feuille de route aux entreprises pour tirer parti des plateformes de médias sociaux pour atteindre leurs objectifs, interagir avec leur public et obtenir des résultats significatifs.

Définir les buts et les objectifs

Nous commençons par souligner l'importance de définir des buts et des objectifs clairs et précis pour la stratégie des médias sociaux. Qu'il s'agisse d'accroître la notoriété de la marque, de générer du trafic sur le site Web, de générer des prospects ou d'améliorer l'engagement des clients, les entreprises doivent identifier ce qu'elles visent à réaliser grâce à leurs efforts sur les réseaux sociaux. Des objectifs clairs fournissent une orientation et servent de référence pour mesurer le succès.

Comprendre le public cible

Une compréhension approfondie du public cible est essentielle pour développer une stratégie de médias sociaux efficace. Nous discutons de l'importance de mener des recherches sur l'audience, d'analyser les données démographiques, les intérêts, les comportements et les points faibles. En obtenant des informations sur les préférences de leur public, les entreprises peuvent adapter leur contenu, leurs messages et leurs stratégies d'engagement pour trouver un écho efficace auprès de leur public cible.

Choisir les bonnes plateformes de médias sociaux

Nous approfondissons le processus de sélection des bonnes plateformes de médias sociaux en fonction des préférences et des comportements du public cible. Chaque plate-forme a ses propres caractéristiques, données démographiques d'utilisateurs et modèles d'engagement. Les entreprises doivent évaluer des plateformes telles que Facebook, Instagram, Twitter, LinkedIn, YouTube et Pinterest, et choisir celles qui correspondent à leur public cible et soutiennent leurs objectifs.

Création d'une stratégie de contenu

Une stratégie de contenu bien définie est essentielle pour engager le public cible et favoriser le succès des médias sociaux. Nous discutons de l'importance de créer un contenu précieux, pertinent et partageable qui correspond aux intérêts et aux besoins du public cible. Les entreprises doivent déterminer les thèmes de contenu, les formats et la fréquence de publication, tout en considérant comment tirer parti du contenu généré par les utilisateurs et des techniques de narration pour améliorer l'engagement.

Développer une voix et un ton de marque

La cohérence dans la voix et le ton de la marque est essentielle pour construire une identité de marque forte sur les réseaux sociaux. Nous explorons le processus de définition d'une voix de marque qui reflète la personnalité, les valeurs et le positionnement de l'entreprise. En établissant des lignes directrices pour la communication sur les réseaux sociaux, les entreprises peuvent maintenir un ton cohérent qui résonne avec leur public cible et renforce la reconnaissance de la marque.

Mobilisation et renforcement de la communauté

L'engagement est un aspect essentiel de la stratégie des médias sociaux. Nous discutons des techniques permettant de favoriser des interactions significatives avec le public, notamment en répondant aux commentaires, aux messages et aux mentions, en posant des questions, en organisant des concours ou des sondages et en encourageant le contenu généré par les utilisateurs. En s'engageant activement avec le public, les entreprises peuvent créer une communauté fidèle, favoriser la promotion de la marque et stimuler le marketing de bouche à oreille.

Tirer parti de la publicité sur les réseaux sociaux

Nous explorons le rôle de la publicité sur les réseaux sociaux dans l'amplification des efforts des réseaux sociaux. Les entreprises devraient envisager des options de publicité payante sur des plateformes telles que Facebook Ads, Instagram Ads, Twitter Ads ou LinkedIn Ads pour atteindre un public plus large, promouvoir un contenu ou des offres spécifiques et générer un trafic ciblé vers leur site Web. En fixant des objectifs clairs, en définissant des publics cibles et en optimisant les campagnes publicitaires, les entreprises peuvent maximiser l'impact de leur publicité sur les réseaux sociaux.

Surveillance, mesure et itération

Le suivi et la mesure de la performance des médias sociaux sont essentiels pour évaluer l'efficacité de la stratégie. Nous discutons de l'importance du suivi des mesures clés telles que la portée, l'engagement, la croissance des abonnés, les taux de clics et les conversions. En tirant parti des outils d'analyse des médias sociaux et en analysant les données, les entreprises peuvent obtenir des informations sur ce qui fonctionne et effectuer des optimisations basées sur les données pour améliorer continuellement les performances.

Rester à jour et évoluer

Les réseaux sociaux sont dynamiques et il est crucial pour les entreprises de se tenir au courant des dernières tendances, fonctionnalités et modifications des algorithmes. Nous soulignons l'importance de l'apprentissage continu, de l'adaptation des stratégies en fonction du comportement du public et des mises à jour de la plateforme, et de la saisie de nouvelles opportunités. En restant informées et en évoluant avec le paysage des médias sociaux, les entreprises peuvent rester compétitives et maximiser leur potentiel de marketing sur les médias sociaux.

En développant une stratégie de médias sociaux bien conçue, les entreprises peuvent exploiter efficacement la puissance des plateformes de médias sociaux pour atteindre leurs objectifs, interagir avec leur public cible et générer des résultats significatifs. Définir des objectifs, comprendre le public cible, sélectionner les bonnes plateformes, créer une stratégie de contenu, développer une voix de marque, favoriser l'engagement, tirer parti de la publicité sur les réseaux sociaux, surveiller les performances et rester à jour, tout cela contribue à une stratégie de réseaux sociaux complète qui produit des résultats commerciaux tangibles. .

S'engager avec les abonnés et fidéliser la marque

Dans ce chapitre, nous explorons l'importance d'interagir avec les abonnés sur les réseaux sociaux et de renforcer la fidélité à la marque grâce à des interactions significatives. Les plateformes de médias sociaux offrent aux entreprises une occasion unique de se connecter directement avec leur public, de favoriser les relations et de créer une communauté fidèle de défenseurs de la marque.

Écouter et répondre aux commentaires

Écouter le public et répondre à ses commentaires est essentiel pour renforcer l'engagement et la fidélité. Nous discutons de l'importance de surveiller activement les commentaires, les messages et les mentions sur les réseaux sociaux et de répondre rapidement aux demandes de renseignements, aux préoccupations ou aux compliments. En faisant preuve d'attention et en répondant aux commentaires du public, les entreprises peuvent montrer qu'elles apprécient les opinions de leurs abonnés et s'engagent à fournir un excellent service client.

Poser des questions et encourager les conversations

S'engager avec les abonnés implique d'initier des conversations et d'encourager une participation active. Nous explorons des techniques telles que poser des questions ouvertes, mener des sondages ou des enquêtes et rechercher des commentaires sur des sujets pertinents. En invitant les abonnés à partager leurs pensées, leurs expériences et leurs idées, les entreprises peuvent créer un sentiment de communauté et faire en sorte que les abonnés se sentent valorisés. Des conversations significatives renforcent non seulement le lien entre la marque et ses abonnés, mais fournissent également des informations précieuses pour l'amélioration de l'entreprise.

Partage de contenu généré par l'utilisateur

Le contenu généré par les utilisateurs (UGC) est un puissant outil de fidélisation à la marque. Nous discutons des avantages du partage et de la présentation du CGU, tels que des témoignages de clients, des critiques, des photos ou des vidéos. En présentant le CGU sur les plateformes de médias sociaux, les entreprises peuvent démontrer qu'elles apprécient et apprécient leurs clients, tout en encourageant les autres à s'engager et à contribuer à leur propre contenu. UGC favorise un sentiment d'appartenance et renforce le lien entre la marque et sa communauté.

Organiser des concours et des cadeaux

Les concours et les cadeaux sont des stratégies efficaces pour engager les abonnés et créer de l'enthousiasme. Nous explorons les avantages de l'organisation de concours ou de cadeaux sur les réseaux sociaux, où les participants ont la possibilité de gagner des prix en interagissant avec le contenu de la marque, en partageant des publications ou en soumettant du contenu généré par les utilisateurs. De telles activités génèrent du buzz, encouragent la participation et augmentent la visibilité de la marque. En récompensant les abonnés et en créant un sentiment d'anticipation, les entreprises peuvent stimuler l'engagement et la fidélité.

Fournir un contenu précieux et partageable

Fournir un contenu précieux et partageable est fondamental pour engager les abonnés et fidéliser la marque. Nous discutons de l'importance de créer du contenu qui éduque, divertit ou résout les problèmes du public cible. En offrant constamment du contenu qui ajoute de la valeur à la vie des abonnés, les entreprises peuvent se positionner comme une ressource de confiance et encourager le partage social. Un contenu précieux et partageable augmente non seulement la portée de la marque, mais favorise également un sentiment de fidélité, car les abonnés identifient la marque comme une source fiable et utile.

Personnaliser les interactions

La personnalisation est essentielle pour établir des relations solides et la fidélité sur les réseaux sociaux. Nous explorons des techniques telles que l'adressage des abonnés par leur nom, la reconnaissance des jalons ou des occasions spéciales et l'adaptation du contenu à des segments d'audience spécifiques. En personnalisant les interactions, les entreprises démontrent qu'elles considèrent les abonnés comme des individus et se soucient de leurs besoins uniques. La personnalisation crée un sentiment de connexion et améliore l'expérience utilisateur globale sur les médias sociaux.

Récompenser la fidélité

Reconnaître et récompenser les abonnés fidèles est crucial pour fidéliser la marque. Nous discutons de stratégies telles que des offres exclusives, des remises ou un accès anticipé à de nouveaux produits ou contenus pour les abonnés fidèles. En montrant leur appréciation pour leur soutien, les entreprises peuvent favoriser un sentiment d'exclusivité et faire en sorte que les abonnés se sentent valorisés et spéciaux. Les récompenses de fidélité renforcent les associations de marque positives et encouragent un engagement et un plaidoyer continus.

En s'engageant avec des abonnés sur les réseaux sociaux et en fidélisant la marque, les entreprises peuvent créer une communauté passionnée de défenseurs de la marque qui non seulement soutiennent la marque, mais aussi la promeuvent activement auprès des autres. En écoutant et en répondant aux commentaires, en encourageant les conversations, en partageant du contenu généré par les utilisateurs, en organisant des concours, en fournissant un contenu précieux, en personnalisant les interactions et en récompensant la fidélité, les entreprises peuvent cultiver une clientèle fidèle qui constitue la base d'un succès à long terme sur les médias sociaux.

Tirer parti de la publicité sur les réseaux sociaux

Dans ce chapitre, nous explorons le pouvoir de la publicité sur les réseaux sociaux en tant qu'outil stratégique pour améliorer les efforts de marketing des réseaux sociaux et atteindre des objectifs commerciaux spécifiques. La publicité sur les réseaux sociaux offre aux entreprises la possibilité d'atteindre des publics très ciblés, d'augmenter la visibilité de la marque, de générer du trafic sur le site

Web et de générer des prospects. En tirant efficacement parti de la publicité sur les réseaux sociaux, les entreprises peuvent maximiser leur retour sur investissement et atteindre leurs objectifs marketing.

Comprendre les plateformes de publicité sur les réseaux sociaux

Nous commençons par discuter des différentes plateformes de publicité sur les réseaux sociaux disponibles, telles que les publicités Facebook, les publicités Instagram, les publicités Twitter, les publicités LinkedIn et les publicités Pinterest. Nous explorons les fonctionnalités uniques, les options de ciblage et les formats d'annonces proposés par chaque plate-forme. Comprendre les capacités des différentes plateformes permet aux entreprises de choisir celles qui conviennent le mieux en fonction de leur public cible et des objectifs de la campagne.

Définir les objectifs publicitaires

La clarification des objectifs publicitaires est essentielle pour une campagne publicitaire réussie sur les réseaux sociaux. Nous discutons d'objectifs communs tels que l'augmentation de la notoriété de la marque, la génération de trafic sur le site Web, la génération de prospects, la promotion de produits ou de services ou l'augmentation des conversions. En définissant clairement des objectifs, les entreprises peuvent aligner leurs campagnes publicitaires sur des objectifs spécifiques et suivre le succès de leurs efforts publicitaires.

Identification des publics cibles

Une publicité efficace sur les réseaux sociaux repose sur un ciblage précis. Nous explorons l'importance d'identifier et de comprendre les publics cibles, y compris les facteurs démographiques, les intérêts, les comportements et les préférences. Les plateformes de médias sociaux offrent de nombreuses options de ciblage, telles que l'âge, l'emplacement, les intérêts, les intitulés de poste, etc. En définissant un public cible et en exploitant des fonctionnalités de ciblage détaillées, les entreprises peuvent s'assurer que leurs publicités atteignent les utilisateurs les plus pertinents susceptibles d'être intéressés par leurs offres.

Concevoir des créations publicitaires attrayantes

Des créations publicitaires convaincantes jouent un rôle crucial pour capter l'attention du public et stimuler l'engagement. Nous discutons des techniques permettant de créer des visuels accrocheurs, des textes publicitaires convaincants et des incitations à l'action claires. Les publicités doivent être visuellement attrayantes, alignées sur l'esthétique de la marque et communiquer efficacement la proposition de valeur. En investissant dans des visuels de haute qualité et une copie persuasive, les entreprises peuvent accroître l'efficacité de leurs publicités sur les réseaux sociaux.

Définition des budgets et des stratégies d'enchères

Les stratégies de budgétisation et d'enchères sont essentielles pour gérer efficacement les campagnes publicitaires sur les réseaux sociaux. Nous explorons des options telles que les budgets quotidiens ou à vie et différentes méthodes d'enchères, telles que le coût par clic (CPC) ou le coût par impression (CPM). En établissant des budgets réalistes et en sélectionnant des stratégies d'enchères appropriées, les entreprises peuvent optimiser leurs dépenses publicitaires, contrôler les coûts et maximiser la portée et l'impact de leurs publicités.

Suivi et optimisation des performances des campagnes

Le suivi et l'optimisation des performances des campagnes sont essentiels pour maximiser l'efficacité de la publicité sur les réseaux sociaux. Nous discutons de l'importance de suivre régulièrement les indicateurs de performance clés (KPI), tels que les taux de clics, les taux de conversion, le coût par acquisition et le retour sur les dépenses publicitaires. En analysant les données de campagne et en effectuant des optimisations basées sur les données, les entreprises peuvent affiner leur ciblage, ajuster les créations publicitaires et allouer des budgets aux campagnes qui offrent les meilleurs résultats.

Test A/B et expérimentation

Les tests A/B et l'expérimentation sont des stratégies précieuses pour optimiser les campagnes publicitaires sur les réseaux sociaux. Nous explorons les avantages de tester différentes variantes d'annonces, telles que les visuels, les titres ou les incitations à l'action, afin d'identifier les combinaisons les plus efficaces. En menant des expériences et en analysant les résultats, les entreprises peuvent affiner leurs publicités, améliorer les performances des campagnes et obtenir des informations sur les préférences et les comportements du public.

Reciblage et Remarketing

Le reciblage et le remarketing permettent aux entreprises de réengager les utilisateurs qui ont déjà interagi avec leur marque. Nous discutons de l'importance de l'utilisation de pixels de reciblage et d'un ciblage d'audience personnalisé pour diffuser des publicités personnalisées aux utilisateurs qui ont visité le site Web ou manifesté de l'intérêt pour des produits ou services spécifiques. En gardant la priorité et en fournissant des messages personnalisés, les entreprises peuvent augmenter les conversions et générer des engagements répétés.

En tirant efficacement parti de la publicité sur les réseaux sociaux, les entreprises peuvent atteindre leur public cible avec précision, augmenter la visibilité de la marque et conduire les actions souhaitées. Comprendre les plateformes publicitaires, définir les objectifs, identifier les publics cibles, concevoir des créations publicitaires convaincantes, établir des budgets et des stratégies d'enchères, surveiller et optimiser les performances des campagnes, effectuer des tests A/B et utiliser des techniques de reciblage et de remarketing contribuent tous à une stratégie publicitaire réussie sur les réseaux sociaux.

Chapitre 7
Marketing sur les moteurs de recherche (SEM) et paiement par clic (PPC)

Dans ce chapitre, nous plongeons dans le domaine du marketing par moteur de recherche (SEM) et de la publicité au paiement par clic (PPC) en tant qu'outils puissants pour générer un trafic ciblé, augmenter la visibilité de la marque et obtenir des résultats mesurables. Les stratégies SEM et PPC permettent aux entreprises de placer des annonces dans les pages de résultats des moteurs de recherche, ce qui leur permet d'atteindre des clients potentiels recherchant activement des produits ou services pertinents.

Comprendre le marketing des moteurs de recherche (SEM)

Nous commençons par discuter du concept de Search Engine Marketing (SEM) et de son importance dans les stratégies de marketing numérique. Le SEM implique la promotion de sites Web par le biais d'efforts publicitaires payants pour augmenter la visibilité sur les pages de résultats des moteurs de recherche (SERP). Nous explorons comment les moteurs de recherche, tels que Google, Bing ou Yahoo, servent de plateformes aux entreprises pour présenter leurs publicités aux utilisateurs qui recherchent activement des informations ou des solutions. En tirant parti du SEM, les entreprises peuvent s'assurer que leurs offres sont bien visibles pour les clients potentiels, maximisant ainsi leurs chances d'engagement et de conversions.

Éléments clés de la publicité au paiement par clic (PPC)

La publicité Pay-Per-Click (PPC) est un élément fondamental du SEM. Nous discutons des éléments clés de la publicité PPC, y compris le modèle basé sur les enchères, les stratégies d'enchères et la détermination du classement des annonces. Avec PPC, les entreprises ne paient que lorsque leurs annonces sont cliquées, ce qui en fait un moyen rentable de générer du trafic ciblé. Nous explorons comment le classement des annonces, déterminé par des facteurs tels que le montant de l'enchère, la pertinence de l'annonce et l'expérience de la page de destination, affecte la visibilité et le succès des annonces PPC.

Recherche et sélection de mots-clés

La recherche et la sélection efficaces de mots-clés sont essentielles dans les campagnes SEM et PPC. Nous soulignons l'importance d'identifier des mots-clés pertinents qui correspondent aux offres commerciales et à l'intention de recherche du public cible. Nous discutons de l'utilisation des outils de recherche de mots clés, de l'analyse des concurrents et des informations sur les clients pour découvrir des mots clés précieux. En ciblant les bons mots clés, les entreprises peuvent optimiser leurs annonces pour une plus grande pertinence, augmenter les taux de clics et attirer des prospects qualifiés.

Créer une copie publicitaire convaincante

La rédaction d'un contenu publicitaire convaincant est essentielle pour capter l'attention des utilisateurs et générer des taux de clics. Nous explorons des techniques pour rédiger des textes publicitaires concis, persuasifs et attrayants qui communiquent les propositions de vente uniques de l'entreprise. Les entreprises doivent se concentrer sur la fourniture d'une proposition de valeur claire, mettant en évidence les avantages et incorporant des appels à l'action convaincants. En créant un contenu publicitaire convaincant, les entreprises peuvent se différencier de leurs concurrents et inciter les utilisateurs à cliquer sur leurs publicités.

Optimisation de la page de destination

Une page de destination efficace est essentielle pour convertir les clics publicitaires en actions souhaitées, telles que des achats, des inscriptions ou des demandes de renseignements. Nous discutons des éléments d'une page de destination bien optimisée, y compris des titres convaincants, un contenu persuasif, des appels à l'action clairs et une conception conviviale. Les entreprises doivent s'assurer que les pages de destination s'alignent sur la messagerie publicitaire, fournissent des informations pertinentes et offrent une expérience utilisateur transparente. En optimisant les pages de destination, les entreprises peuvent augmenter les taux de conversion et maximiser le retour sur leurs investissements PPC.

Surveillance, test et optimisation

Une surveillance, des tests et une optimisation continus sont essentiels pour des campagnes SEM et PPC réussies. Nous discutons de l'importance du suivi des indicateurs de performance clés, tels que les taux de clics (CTR), les taux de conversion, le coût par acquisition (CPA) et le retour sur les dépenses publicitaires (ROAS). En analysant les données de campagne, les entreprises peuvent identifier les domaines à améliorer, effectuer des tests A/B pour optimiser les publicités et les pages de destination, et affiner leurs stratégies de ciblage et d'enchères. L'optimisation continue garantit que les campagnes SEM et PPC produisent les meilleurs résultats possibles et maximisent le retour sur investissement marketing global.

Remarketing et publicité display

Nous explorons les avantages supplémentaires du remarketing et de la publicité display dans les stratégies SEM. Le remarketing permet aux entreprises de cibler les utilisateurs qui ont déjà visité leur site Web, en leur proposant des publicités personnalisées pour les réengager. La publicité display consiste à placer des annonces visuellement attrayantes sur des sites Web pertinents au sein du Réseau Display de Google ou d'autres réseaux publicitaires. En tirant parti du remarketing et de la publicité display, les entreprises peuvent renforcer la présence de la marque, augmenter les conversions et toucher un public plus large au-delà des pages de résultats des moteurs de recherche.

En adoptant les stratégies de marketing par moteur de recherche (SEM) et de paiement par clic (PPC), les entreprises peuvent acquérir un avantage concurrentiel dans le paysage numérique. En effectuant des recherches approfondies sur les mots clés, en élaborant des textes publicitaires convaincants, en optimisant les pages de destination, en surveillant les performances des campagnes et en tirant parti du remarketing et de la publicité display, les entreprises peuvent générer un trafic ciblé, augmenter la visibilité de la marque et obtenir des résultats mesurables grâce à la publicité SEM et PPC.

Comprendre le marketing des moteurs de recherche (SEM) et ses avantages

Dans ce chapitre, nous explorons le concept de Search Engine Marketing (SEM) et les nombreux avantages qu'il offre aux entreprises. Le SEM consiste à promouvoir des sites Web et à augmenter leur visibilité sur les pages de résultats des moteurs de recherche (SERP) grâce à des efforts de publicité payante. En tirant parti des stratégies SEM, les entreprises peuvent puiser dans l'énorme base d'utilisateurs des moteurs de recherche et entrer en contact avec des clients potentiels qui recherchent activement des produits ou des services.

Visibilité en ligne accrue

L'un des principaux avantages du SEM est la capacité d'améliorer la visibilité en ligne. Les moteurs de recherche tels que Google, Bing ou Yahoo servent de plates-formes sur lesquelles les entreprises peuvent afficher leurs annonces en évidence dans les résultats de recherche. Cette visibilité accrue garantit que les entreprises sont plus susceptibles d'être remarquées par les utilisateurs à la recherche d'informations ou de solutions pertinentes. En occupant des positions de choix sur les SERP, les entreprises peuvent capter l'attention de leur public cible et se démarquer de la concurrence.

Portée ciblée

Le SEM permet aux entreprises d'atteindre un public très ciblé. Grâce à la recherche et à la sélection de mots clés, les entreprises peuvent identifier les mots clés et les termes de recherche spécifiques qui sont pertinents pour leurs offres et s'aligner sur l'intention de recherche de leur public cible. En affichant des annonces lorsque les utilisateurs recherchent ces mots-clés spécifiques, les entreprises peuvent s'assurer que leur message atteint l'audience la plus pertinente, ce qui augmente la probabilité d'engagement et de conversions.

Publicité rentable

Le SEM, en particulier la publicité Pay-Per-Click (PPC), offre un modèle publicitaire rentable. Avec PPC, les entreprises ne paient que lorsque leurs annonces sont cliquées, ce qui en fait un moyen très efficace de générer un trafic ciblé vers leurs sites Web. Cette structure de coûts permet aux entreprises d'allouer leurs budgets plus efficacement et d'optimiser leurs dépenses publicitaires en se concentrant sur les mots-clés et les options de ciblage qui génèrent les meilleurs résultats. La possibilité de mesurer et de suivre les performances des campagnes fournit également des informations précieuses pour optimiser les efforts publicitaires futurs.

Des résultats mesurables

L'un des principaux avantages du SEM est sa mesurabilité. Les entreprises peuvent suivre et mesurer diverses mesures de performance, telles que les taux de clics (CTR), les taux de conversion, le coût par acquisition (CPA) et le retour sur les dépenses publicitaires (ROAS). Ces mesures fournissent des informations précieuses sur l'efficacité des campagnes SEM et permettent aux entreprises de prendre des décisions basées sur les données pour optimiser leurs stratégies. En surveillant et en analysant en permanence les performances des campagnes, les entreprises peuvent affiner leur ciblage, ajuster leur contenu publicitaire et allouer leurs budgets plus efficacement.

Mise en œuvre rapide et flexible

offre l'avantage d'une mise en œuvre rapide et flexible. Contrairement aux canaux publicitaires traditionnels, qui peuvent nécessiter des délais et une planification importants, les entreprises peuvent lancer des campagnes SEM relativement rapidement. Cette agilité permet aux entreprises de réagir rapidement aux tendances du marché, aux promotions ou aux demandes saisonnières. De plus, les plates-formes SEM offrent une flexibilité en termes de SEM d'allocation budgétaire, d'options de ciblage et de variantes publicitaires, permettant aux entreprises d'adapter leurs stratégies au besoin pour maximiser les résultats.

Exposition et crédibilité améliorées de la marque

En apparaissant régulièrement dans les résultats des moteurs de recherche via SEM, les entreprises peuvent améliorer l'exposition de leur marque et établir leur crédibilité. Les utilisateurs perçoivent souvent les entreprises qui apparaissent systématiquement dans les premiers résultats de recherche comme plus réputées et dignes de confiance. L'exposition répétée via SEM aide les entreprises à renforcer la présence de leur marque et à se positionner en tant que leaders de l'industrie ou fournisseurs de confiance dans leurs domaines respectifs.

En résumé, le marketing par moteur de recherche (SEM) offre aux entreprises un large éventail d'avantages, notamment une visibilité en ligne accrue, une portée ciblée, une publicité rentable, des résultats mesurables, une mise en œuvre rapide et une exposition et une crédibilité accrues de la marque. En tirant efficacement parti des stratégies SEM, les entreprises peuvent se connecter avec leur public cible au bon moment, générer un trafic qualifié vers leurs sites Web et atteindre leurs objectifs marketing dans le paysage en ligne hautement concurrentiel.

Créer des campagnes PPC efficaces

Dans ce chapitre, nous nous penchons sur le processus de création de campagnes Pay-Per-Click (PPC) efficaces dans le domaine du Search Engine Marketing (SEM). La publicité PPC permet aux entreprises d'afficher des publicités ciblées sur les pages de résultats des moteurs de recherche (SERP), et maîtriser l'art de créer des campagnes PPC percutantes est essentiel pour maximiser les performances des publicités et obtenir les résultats souhaités.

Définir les objectifs de la campagne

La première étape pour créer une campagne PPC réussie consiste à définir des objectifs clairs et spécifiques. Que l'objectif soit de générer du trafic sur le site Web, d'augmenter les conversions, de renforcer la notoriété de la marque ou de générer des prospects, articuler clairement l'objectif de la campagne fournit une base pour la prise de décision stratégique et l'optimisation de la campagne.

Mener une recherche approfondie sur les mots-clés

La recherche de mots-clés constitue l'épine dorsale des campagnes PPC. Cela implique d'identifier et de sélectionner des mots-clés pertinents qui correspondent à l'intention de recherche et aux offres commerciales du public cible. Les entreprises doivent tirer parti des outils de recherche de mots clés, de l'analyse des concurrents, des informations sur les clients et des tendances du secteur pour découvrir des mots clés précieux. En ciblant les bons mots clés, les entreprises peuvent s'assurer que leurs annonces apparaissent devant les utilisateurs qui recherchent activement des produits ou services pertinents.

Rédaction d'un texte publicitaire convaincant

Un contenu publicitaire convaincant est essentiel pour capter l'attention des utilisateurs et générer des taux de clics (CTR). Le texte publicitaire doit être concis, persuasif et communiquer clairement les propositions de vente uniques de l'entreprise. Les entreprises doivent se concentrer sur la création de titres accrocheurs, mettant en évidence les principaux avantages et incorporant de solides appels à l'action (CTA). En élaborant un contenu publicitaire convaincant qui résonne avec le public cible, les entreprises peuvent se différencier de leurs concurrents et inciter les utilisateurs à cliquer sur leurs publicités.

Concevoir des pages de destination pour la conversion

La page de destination joue un rôle essentiel dans la conversion des clics publicitaires en actions souhaitées, telles que des achats, des inscriptions ou des demandes de renseignements. Les entreprises doivent concevoir des pages de destination qui s'alignent sur la messagerie publicitaire, fournissent des informations pertinentes et précieuses et présentent des CTA clairs et convaincants. Les pages de destination doivent avoir une mise en page conviviale, des temps de chargement rapides et une réactivité mobile. En optimisant les pages de destination pour la conversion, les entreprises peuvent améliorer l'expérience utilisateur et augmenter la probabilité d'obtenir les résultats souhaités.

Définition des budgets et des stratégies d'enchères

La définition de budgets et de stratégies d'enchères appropriés est essentielle pour gérer efficacement les campagnes PPC. Les entreprises doivent déterminer le montant maximum qu'elles sont prêtes à dépenser pour les publicités et allouer les budgets en conséquence. En outre, la sélection de la bonne stratégie d'enchères, telles que les enchères manuelles ou les enchères automatisées, permet d'optimiser les placements d'annonces et de maximiser le retour sur investissement (ROI). Le suivi régulier et l'ajustement des budgets et des enchères en fonction des données de performance contribuent au succès de la campagne.

Mise en œuvre des extensions d'annonces

Les extensions d'annonces sont des fonctionnalités supplémentaires qui améliorent la visibilité et les performances des annonces PPC. Ils fournissent aux utilisateurs plus d'informations, d'options et d'opportunités pour interagir avec l'annonce. Les entreprises doivent tirer parti des extensions d'annonces telles que les liens de sites, les extensions d'appel, les extensions de lieu et les extensions d'avis pour améliorer la pertinence des annonces, augmenter les taux de clics et fournir aux utilisateurs des informations précieuses.

Suivi et analyse des performances des campagnes

Le suivi et l'analyse des performances des campagnes sont essentiels pour optimiser les campagnes PPC. Les entreprises doivent utiliser des outils de suivi et des plates-formes d'analyse pour surveiller les indicateurs de performance clés, tels que le CTR, les taux de conversion, le coût par conversion et le retour sur investissement. En analysant les données, les entreprises peuvent identifier les domaines sous-performants, effectuer des optimisations basées sur les données et affiner leur ciblage, leurs stratégies d'enchères, leur contenu publicitaire et la conception de leurs pages de destination pour de meilleurs résultats de campagne.

Test A/B et expérimentation

Les tests et expérimentations A/B permettent aux entreprises d'optimiser davantage leurs campagnes PPC. En testant différentes variantes de contenu publicitaire, de titres, de pages de destination ou de CTA, les entreprises peuvent identifier les combinaisons les plus efficaces et affiner leurs stratégies en fonction des réponses des utilisateurs. Des tests et des expérimentations continus aident les entreprises à découvrir des informations, à améliorer les performances des publicités et à optimiser les résultats des campagnes au fil du temps.

En suivant ces étapes et en mettant en œuvre les meilleures pratiques, les entreprises peuvent créer des campagnes PPC efficaces dans le cadre de leurs stratégies SEM. Définir les objectifs de la campagne, mener des recherches approfondies sur les mots clés, créer des textes publicitaires convaincants, concevoir des pages de destination axées sur la conversion, définir des budgets et des stratégies d'enchères, mettre en œuvre des extensions publicitaires, suivre et analyser les performances des campagnes et tirer parti des tests et expérimentations A/B contribuent tous au succès. des campagnes PPC et générer les résultats souhaités.

Optimiser les performances des annonces et mesurer le retour sur investissement

Dans ce chapitre, nous explorons les étapes cruciales impliquées dans l'optimisation des performances publicitaires et la mesure du retour sur investissement (ROI) dans les campagnes Pay-Per-Click (PPC). L'optimisation des performances publicitaires garantit que les entreprises obtiennent les meilleurs résultats possibles de leurs efforts publicitaires, tandis que la mesure du retour sur investissement fournit des informations précieuses sur l'efficacité et la rentabilité des campagnes PPC.

Suivi des indicateurs de performance clés

La base de l'optimisation des performances publicitaires est le suivi et l'analyse des indicateurs de performance clés. Les entreprises doivent surveiller des mesures telles que les taux de clics (CTR), les taux de conversion, le coût par conversion, la position moyenne, le niveau de qualité et le retour sur les dépenses publicitaires (ROAS). En comprenant comment les publicités fonctionnent selon différentes mesures, les entreprises peuvent identifier les domaines à améliorer et prendre des décisions basées sur les données pour optimiser leurs campagnes.

Affiner les stratégies de ciblage et d'enchères

Des stratégies de ciblage et d'enchères efficaces contribuent à optimiser les performances des annonces. Les entreprises doivent analyser les données pour identifier les segments d'audience cible les plus performants et ajuster leurs paramètres de ciblage en conséquence. L'affinement du ciblage permet aux entreprises de concentrer leurs dépenses publicitaires sur l'audience la plus pertinente et la plus précieuse, augmentant ainsi la probabilité d'engagement et de conversions. De même, l'optimisation des stratégies d'enchères en fonction des données de performances aide les entreprises à trouver un équilibre entre l'optimisation de l'exposition des publicités et la gestion des coûts.

Effectuer des tests A/B et des expérimentations

Les tests A/B et l'expérimentation jouent un rôle crucial dans l'optimisation des performances publicitaires. En testant différentes variantes d'éléments publicitaires tels que les titres, le contenu publicitaire, les appels à l'action (CTA) ou les conceptions de pages de destination, les entreprises peuvent identifier les combinaisons les plus efficaces qui résonnent avec leur public cible. Des tests et des expérimentations continus permettent aux entreprises d'affiner leurs éléments publicitaires, d'améliorer les taux de clics et d'augmenter les taux de conversion au fil du temps.

Optimisation du contenu publicitaire et de la page de destination

L'optimisation du contenu publicitaire et des pages de destination est essentielle pour accroître l'engagement et les conversions. Les entreprises doivent évaluer et affiner en permanence leur contenu publicitaire pour s'assurer qu'il est convaincant, pertinent et aligné sur les besoins et les préférences du public cible. De même, l'optimisation des pages de destination implique d'améliorer leur conception, leur mise en page et l'expérience utilisateur pour améliorer les taux de conversion. En alignant le contenu publicitaire et les pages de destination sur les attentes du public et en les optimisant en permanence, les entreprises peuvent améliorer les performances publicitaires et obtenir un retour sur investissement plus élevé.

Optimisation de la position et du classement des annonces

La position et le classement des annonces ont un impact significatif sur les performances des annonces. Les entreprises doivent s'efforcer d'obtenir des positions d'annonces optimales qui captent l'attention des utilisateurs et génèrent des taux de clics plus élevés. L'optimisation du classement des annonces implique l'amélioration de facteurs tels que la pertinence des annonces, l'expérience de la page de destination et le taux de clics attendu. En se concentrant sur l'amélioration de ces facteurs, les entreprises peuvent améliorer la position de leurs annonces, accroître leur visibilité et optimiser les performances de leurs annonces.

Suivi des conversions et attribution

Le suivi des conversions et leur attribution à des publicités ou des campagnes spécifiques sont essentiels pour mesurer avec précision le retour sur investissement. Les entreprises doivent mettre en œuvre des mécanismes de suivi des conversions, tels que des pixels ou des balises de conversion, pour suivre les actions des utilisateurs, telles que les achats, les soumissions de formulaires ou les inscriptions. Les modèles d'attribution aident à déterminer la contribution des différentes publicités ou points de contact dans le processus de conversion. En comprenant quelles publicités génèrent les conversions les plus intéressantes, les entreprises peuvent optimiser leurs campagnes pour maximiser le retour sur investissement.

Surveillance et optimisation continues

L'optimisation des performances des annonces est un processus continu. Les entreprises doivent surveiller en permanence les performances des campagnes, évaluer les données et procéder à des optimisations itératives. Cela comprend l'ajustement des stratégies d'enchères, l'affinement du ciblage, le test de nouvelles variantes d'annonces et l'optimisation des pages de destination en fonction du comportement des utilisateurs et des mesures de performances. L'examen et l'optimisation réguliers des campagnes garantissent que les entreprises restent compétitives, améliorent les performances des annonces et maximisent le retour sur investissement.

Calcul du retour sur investissement (ROI)

La mesure du ROI est essentielle pour évaluer la rentabilité des campagnes PPC. Le retour sur investissement est calculé en comparant les revenus totaux générés par les campagnes aux coûts totaux, y compris les dépenses publicitaires et les dépenses associées. En mesurant avec précision le retour sur investissement, les entreprises peuvent déterminer l'efficacité de leurs campagnes PPC et prendre des décisions éclairées concernant l'allocation budgétaire et les ajustements de campagne.

En mettant en œuvre ces stratégies d'optimisation et en mesurant le retour sur investissement, les entreprises peuvent s'assurer que leurs campagnes PPC produisent des résultats optimaux et offrent un retour sur investissement positif. Le suivi des indicateurs de performance clés, l'affinement des stratégies de ciblage et d'enchères, la réalisation de tests A/B, l'optimisation du contenu publicitaire et des pages de destination, l'amélioration de la position et du classement des annonces, la mise en œuvre du suivi et de l'attribution des conversions, la surveillance continue et le calcul du retour sur investissement contribuent tous à optimiser les performances et à maximiser les performances des annonces. l'efficacité des campagnes PPC.

Chapitre 8
Marketing par e-mail et automatisation

Dans ce chapitre, nous explorons la puissance du marketing par e-mail et de l'automatisation en tant que stratégies efficaces pour interagir avec les clients, nourrir les prospects et générer des conversions. Le marketing par e-mail permet aux entreprises de communiquer directement avec leur public, de diffuser des messages ciblés et d'établir des relations à long terme. L'automatisation fait passer le marketing par e-mail à un niveau supérieur en rationalisant les processus et en fournissant un contenu personnalisé et opportun aux abonnés.

Comprendre le marketing par e-mail

Nous commençons par discuter des principes fondamentaux du marketing par e-mail et de ses avantages. Le marketing par e-mail consiste à envoyer des messages ciblés à une liste d'abonnés dans le but de nourrir des prospects, de promouvoir des produits ou des services, de fournir un contenu précieux ou de mener des actions spécifiques. Nous explorons les différents types d'e-mails, tels que les newsletters, les e-mails promotionnels, les séquences de bienvenue et les rappels de panier abandonné. En tirant parti du marketing par e-mail, les entreprises peuvent atteindre leur public directement, maintenir une communication régulière et fidéliser leurs clients.

Construire une liste de diffusion de qualité

Une liste de diffusion de qualité est essentielle pour des campagnes de marketing par e-mail réussies. Nous explorons des stratégies pour créer une base d'abonnés aux e-mails engagés et opt-in. Les entreprises doivent utiliser des techniques telles que l'offre d'aimants principaux, la création de formulaires d'inscription convaincants, l'utilisation de promotions sur les réseaux sociaux et la mise en œuvre de la segmentation de la clientèle. En se concentrant sur la création d'une liste de diffusion de qualité d'abonnés intéressés et pertinents, les entreprises peuvent garantir des taux d'ouverture, des taux de clics et des conversions plus élevés.

Créer un contenu d'e-mail engageant

Un contenu d'e-mail engageant est crucial pour capter l'attention et l'intérêt des abonnés. Nous discutons des techniques pour créer des lignes d'objet convaincantes, rédiger une copie d'e-mail personnalisée et pertinente, incorporer des boutons d'appel à l'action persuasifs et inclure des images ou des vidéos visuellement attrayantes. Les entreprises doivent se concentrer sur la valeur, la pertinence et une voix de marque cohérente dans le contenu de leurs e-mails. En fournissant des informations précieuses, des offres exclusives ou des histoires divertissantes, les entreprises peuvent maintenir l'engagement des abonnés et encourager de nouvelles interactions.

Automatisation et segmentation des e-mails

L'automatisation fait passer le marketing par e-mail à un niveau supérieur en permettant aux entreprises de fournir un contenu personnalisé et opportun aux abonnés en fonction de leur comportement, de leurs préférences ou de leurs actions. Nous explorons la puissance de l'automatisation et de la segmentation des e-mails pour nourrir les prospects et générer des conversions. Les entreprises peuvent automatiser les e-mails de bienvenue, les séquences de suivi, les recommandations personnalisées ou les campagnes de réengagement. En segmentant les abonnés en fonction de données démographiques, d'intérêts ou d'interactions passées, les entreprises peuvent fournir un contenu personnalisé qui résonne avec les abonnés individuels, augmentant ainsi les taux d'engagement et de conversion.

Optimisation de la délivrabilité des e-mails et des taux d'ouverture

Garantir une délivrabilité élevée des e-mails et des taux d'ouverture élevés est essentiel au succès des campagnes d'e-mail marketing. Nous discutons des stratégies d'optimisation de la délivrabilité, y compris le maintien d'une liste d'abonnés propre et mise à jour, l'utilisation du double opt-in, l'évitement des mots déclencheurs de spam et le respect des meilleures pratiques en matière de courrier électronique. De plus, nous explorons des techniques pour améliorer les taux d'ouverture, telles que la personnalisation, les lignes d'objet de test A/B et l'optimisation du texte de pré-en-tête. En suivant les meilleures pratiques de délivrabilité et en mettant en œuvre des stratégies pour augmenter les taux d'ouverture, les entreprises peuvent maximiser l'efficacité de leurs efforts de marketing par e-mail..

Analyse des e-mails et suivi des performances

La mesure des performances du marketing par e-mail est cruciale pour évaluer le succès des campagnes et prendre des décisions basées sur les données. Nous discutons de l'importance de l'analyse des e-mails et du suivi des mesures clés, telles que les taux d'ouverture, les taux de clics, les taux de conversion et les taux de désabonnement. En analysant les données de performance, les entreprises peuvent obtenir des informations sur le comportement des abonnés, identifier les domaines à améliorer et optimiser leurs stratégies de marketing par e-mail pour de meilleurs résultats. Le suivi et l'analyse continus permettent aux entreprises d'affiner leur contenu, leur ciblage et leur automatisation pour générer un engagement et des conversions plus élevés.

En intégrant le marketing par e-mail et l'automatisation dans leurs stratégies, les entreprises peuvent efficacement entretenir des prospects, interagir avec les clients et générer des conversions. Construire une liste de diffusion de qualité, créer un contenu attrayant, tirer parti de l'automatisation et de la segmentation, optimiser la délivrabilité et les taux d'ouverture et suivre les mesures de performance contribuent tous à une stratégie de marketing par courrier électronique réussie. Le marketing par e-mail et l'automatisation offrent aux entreprises un canal direct et personnalisé pour se connecter avec leur public, fidéliser leur marque et atteindre leurs objectifs marketing.

Concevoir des campagnes d'e-mails percutantes

Dans ce chapitre, nous explorons les stratégies et les meilleures pratiques pour concevoir des campagnes par e-mail percutantes qui captivent les destinataires, stimulent l'engagement et produisent les résultats souhaités. Une campagne par e-mail bien conçue va au-delà du contenu : elle englobe un attrait visuel, des messages clairs et des appels à l'action efficaces. En mettant en œuvre les principes suivants, les entreprises peuvent créer des campagnes par e-mail qui résonnent auprès des abonnés et atteignent leurs objectifs marketing.

Image de marque et identité visuelle cohérentes

La cohérence de l'image de marque est essentielle pour créer une campagne d'e-mails cohérente et mémorable. Les entreprises doivent s'assurer que la conception de leur e-mail reflète l'identité de leur marque, y compris les schémas de couleurs, le placement du logo et la typographie. Une image de marque cohérente renforce la reconnaissance de la marque et renforce la confiance et la familiarité des abonnés avec l'entreprise.

Conception adaptée aux mobiles

Compte tenu de la prévalence des appareils mobiles, il est crucial de concevoir des e-mails adaptés aux mobiles. Les entreprises doivent optimiser la mise en page de leurs e-mails pour qu'elles soient réactives et facilement accessibles sur différentes tailles d'écran. Cela inclut l'utilisation d'une disposition à une seule colonne, la garantie de la lisibilité du texte et des images et l'optimisation de la taille des boutons pour les interactions tactiles. Une expérience mobile transparente garantit que les abonnés peuvent interagir avec le contenu des e-mails, quel que soit l'appareil qu'ils utilisent.

Lignes d'objet et texte de pré-en-tête convaincants

Les lignes d'objet et le texte de pré-en-tête sont les premiers éléments que les abonnés voient lorsqu'ils reçoivent un e-mail. Il est essentiel de créer des lignes d'objet convaincantes qui attirent l'attention et suscitent la curiosité pour inciter les destinataires à ouvrir l'e-mail. De plus, l'optimisation du texte de pré-en-tête (un bref résumé ou un aperçu du contenu de l'e-mail) peut fournir un contexte supplémentaire et encourager les ouvertures. Des messages clairs et concis dans les lignes d'objet et le texte de pré-en-tête préparent le terrain pour le contenu de l'e-mail.

Contenu engageant et pertinent

Le contenu de l'e-mail lui-même doit être engageant, pertinent et adapté au public cible. Les entreprises doivent se concentrer sur la fourniture d'informations précieuses, de recommandations personnalisées, d'offres exclusives ou d'histoires divertissantes qui résonnent auprès des abonnés. L'utilisation de contenus dynamiques ou de jetons de personnalisation basés sur les données des abonnés peut encore améliorer la pertinence et l'efficacité du contenu des e-mails.

Appels à l'action clairs (CTA)

Inclure des appels à l'action (CTA) clairs et bien en vue est crucial pour guider les destinataires vers l'action souhaitée. Les CTA doivent être visuellement distincts, convaincants et alignés sur l'objectif de l'e-mail. Les entreprises doivent utiliser un langage orienté vers l'action et positionner les CTA de manière stratégique dans l'e-mail afin de maximiser les taux de clics. En fournissant aux abonnés un chemin clair pour passer à l'action, les entreprises peuvent générer des conversions et atteindre leurs objectifs de campagne.

Visuels accrocheurs

Les éléments visuels, tels que les images ou les vidéos, peuvent considérablement améliorer l'impact d'une campagne par e-mail. Les entreprises doivent utiliser des visuels accrocheurs qui correspondent à l'objectif de l'e-mail et soutiennent le message transmis. Des images de haute qualité, des graphiques attrayants ou des vidéos engageantes peuvent capter l'attention des abonnés et les encourager à continuer à lire ou à agir.

Test et optimisation

Tester et optimiser les campagnes d'emailing est essentiel pour maximiser leur impact. Les entreprises doivent effectuer des tests A/B sur divers éléments, tels que les lignes d'objet, les CTA ou les conceptions d'e-mails, afin d'identifier les combinaisons les plus efficaces. De plus, l'analyse des mesures de performance, telles que les taux d'ouverture, les taux de clics et les conversions, permet aux entreprises d'affiner leurs campagnes et d'apporter des améliorations basées sur les données au fil du temps.

Personnalisation et segmentation

La personnalisation et la segmentation jouent un rôle essentiel dans la conception de campagnes par e-mail percutantes. En segmentant les abonnés en fonction de données démographiques, de préférences ou d'interactions passées, les entreprises peuvent fournir un contenu hautement ciblé et personnalisé. Adapter la messagerie électronique et les offres à des segments spécifiques garantit la pertinence et augmente la probabilité d'engagement et de conversions.

En mettant en œuvre ces principes de conception, les entreprises peuvent créer des campagnes par e-mail percutantes qui se démarquent dans les boîtes de réception des abonnés, stimulent l'engagement et fournissent les résultats souhaités. Une image de marque cohérente, une conception adaptée aux mobiles, des lignes d'objet et un texte de pré-en-tête convaincants, un contenu attrayant, des CTA clairs, des visuels accrocheurs, des tests et une optimisation, ainsi que la personnalisation et la segmentation contribuent tous à l'efficacité des campagnes par e-mail et aident les entreprises à atteindre leurs objectifs marketing.

Mise en place d'outils d'automatisation du marketing

Dans ce chapitre, nous explorons la mise en œuvre d'outils d'automatisation du marketing pour rationaliser et améliorer les efforts de marketing par e-mail. L'automatisation du marketing permet aux entreprises d'automatiser les tâches répétitives, de fournir un contenu personnalisé et de développer des prospects à grande échelle. En tirant efficacement parti des outils d'automatisation du marketing, les entreprises peuvent gagner du temps, améliorer leur efficacité et diffuser des messages ciblés qui résonnent auprès de leur public.

Choisir la bonne plateforme d'automatisation du marketing

La première étape de la mise en œuvre de l'automatisation du marketing consiste à sélectionner la bonne plateforme qui répond aux besoins de l'entreprise. Les entreprises doivent évaluer différents outils d'automatisation du marketing en fonction des fonctionnalités, de l'évolutivité, de la facilité d'utilisation, des capacités d'intégration et de la tarification. Il est essentiel de choisir une plate-forme qui s'aligne sur les objectifs de l'organisation et fournit les fonctionnalités nécessaires à l'automatisation du marketing par e-mail, telles que l'automatisation du flux de travail, la notation des prospects, la segmentation et l'analyse.

Construire des parcours clients et des flux de travail

Les plateformes d'automatisation du marketing permettent aux entreprises de créer des parcours clients et des flux de travail qui automatisent la livraison d'e-mails en fonction de déclencheurs, d'actions ou de conditions prédéfinis. Les entreprises doivent cartographier le parcours client et identifier les points de contact où des e-mails automatisés peuvent être envoyés pour engager et entretenir des prospects. Les flux de travail peuvent inclure des séquences de bienvenue, des rappels de panier abandonné, des campagnes de réengagement ou du contenu personnalisé basé sur le comportement ou les intérêts des abonnés.

Segmentation et personnalisation des campagnes d'e-mails

La segmentation et la personnalisation sont des éléments essentiels d'une automatisation marketing réussie. Les entreprises doivent utiliser les capacités de segmentation de la plate-forme d'automatisation pour classer les abonnés en fonction de données démographiques, de comportements ou d'intérêts. En segmentant l'audience, les entreprises peuvent envoyer des e-mails ciblés et personnalisés qui résonnent avec des groupes spécifiques, augmentant ainsi l'engagement et les conversions. Les jetons de personnalisation peuvent être utilisés pour insérer dynamiquement des informations spécifiques à l'abonné dans le contenu des e-mails, créant ainsi une expérience plus personnalisée et plus pertinente.

Notation et maturation des prospects

Les outils d'automatisation du marketing incluent souvent des fonctionnalités de notation des prospects qui attribuent des valeurs aux prospects en fonction de leur engagement et de leurs interactions. En mettant en œuvre la notation des prospects, les entreprises peuvent identifier et hiérarchiser les prospects les plus susceptibles de se convertir. Des campagnes de maturation peuvent être configurées pour envoyer automatiquement des e-mails ciblés aux prospects à différentes étapes de l'entonnoir de vente, leur fournissant un contenu pertinent et les guidant vers la conversion.

Analyser et optimiser les performances des campagnes

Les plates-formes d'automatisation du marketing offrent de solides capacités d'analyse et de création de rapports pour suivre et mesurer les performances des campagnes par e-mail. Les entreprises doivent analyser régulièrement les indicateurs clés tels que les taux d'ouverture, les taux de clics, les taux de conversion et les revenus générés. En obtenant des informations sur les performances des campagnes, les entreprises peuvent identifier les domaines à améliorer, prendre des décisions basées sur les données et optimiser leurs stratégies de marketing par e-mail pour de meilleurs résultats.

Intégration avec d'autres canaux de marketing

Les plates-formes d'automatisation du marketing offrent souvent des capacités d'intégration avec d'autres canaux et outils de marketing. Les entreprises devraient explorer les possibilités d'intégration pour améliorer leurs efforts de marketing globaux. Par exemple, l'intégration aux systèmes de gestion de la relation client (CRM) permet aux entreprises d'aligner les activités de vente et de marketing de manière transparente. Les intégrations avec les plateformes de médias sociaux ou les créateurs de pages de destination peuvent encore étendre la portée et l'impact des campagnes de marketing par e-mail.

Apprentissage continu et amélioration

La mise en place d'outils de marketing automation est un processus itératif. Les entreprises doivent continuellement apprendre des données, des commentaires des clients et des tendances du marché pour améliorer leurs stratégies d'automatisation. Tester régulièrement différentes approches, analyser les résultats et effectuer des ajustements en fonction des informations contribuent à l'optimisation et au succès continus.

En mettant en œuvre efficacement des outils d'automatisation du marketing, les entreprises peuvent automatiser les flux de travail de messagerie, personnaliser le contenu, entretenir les prospects et atteindre une plus grande efficacité dans leurs efforts de marketing par e-mail. La sélection de la bonne plate-forme, la création de parcours client, la segmentation et la personnalisation des campagnes, la notation et la maturation des prospects, l'analyse des performances des campagnes, l'intégration avec d'autres canaux et l'adoption d'une amélioration continue jouent tous un rôle crucial dans l'exploitation de la puissance de l'automatisation du marketing pour le succès du marketing par e-mail.

Concevoir des campagnes d'e-mails percutantes

Dans ce chapitre, nous explorons les stratégies et les meilleures pratiques pour concevoir des campagnes par e-mail percutantes qui captivent les destinataires, stimulent l'engagement et produisent les résultats souhaités. Une campagne par e-mail bien conçue va au-delà du contenu : elle englobe un attrait visuel, des messages clairs et des appels à l'action efficaces. En mettant en œuvre les principes suivants, les entreprises peuvent créer des campagnes par e-mail qui résonnent auprès des abonnés et atteignent leurs objectifs marketing.

Image de marque et identité visuelle cohérentes

La cohérence de l'image de marque est essentielle pour créer une campagne d'e-mails cohérente et mémorable. Les entreprises doivent s'assurer que la conception de leur e-mail reflète l'identité de leur marque, y compris les schémas de couleurs, le placement du logo et la typographie. Une image de marque cohérente renforce la reconnaissance de la marque et renforce la confiance et la familiarité des abonnés avec l'entreprise.

Conception adaptée aux mobiles

Compte tenu de la prévalence des appareils mobiles, il est crucial de concevoir des e-mails adaptés aux mobiles. Les entreprises doivent optimiser la mise en page de leurs e-mails pour qu'elles soient réactives et facilement accessibles sur différentes tailles d'écran. Cela inclut l'utilisation d'une disposition à une seule colonne, la garantie de la lisibilité du texte et des images et l'optimisation de la taille des boutons pour les interactions tactiles. Une expérience mobile transparente garantit que les abonnés peuvent interagir avec le contenu des e-mails, quel que soit l'appareil qu'ils utilisent.

Lignes d'objet et texte de pré-en-tête convaincants

Les lignes d'objet et le texte de pré-en-tête sont les premiers éléments que les abonnés voient lorsqu'ils reçoivent un e-mail. Il est essentiel de créer des lignes d'objet convaincantes qui attirent l'attention et suscitent la curiosité pour inciter les destinataires à ouvrir l'e-mail. De plus, l'optimisation du texte de pré-en-tête (un bref résumé ou un aperçu du contenu de l'e-mail) peut fournir un contexte supplémentaire et encourager les ouvertures. Des messages clairs et concis dans les lignes d'objet et le texte de pré-en-tête préparent le terrain pour le contenu de l'e-mail.

Contenu engageant et pertinent

Le contenu de l'e-mail lui-même doit être engageant, pertinent et adapté au public cible. Les entreprises doivent se concentrer sur la fourniture d'informations précieuses, de recommandations personnalisées, d'offres exclusives ou d'histoires divertissantes qui résonnent auprès des abonnés. L'utilisation de contenus dynamiques ou de jetons de personnalisation basés sur les données des abonnés peut encore améliorer la pertinence et l'efficacité du contenu des e-mails.

Appels à l'action clairs (CTA)

Inclure des appels à l'action (CTA) clairs et bien en vue est crucial pour guider les destinataires vers l'action souhaitée. Les CTA doivent être visuellement distincts, convaincants et alignés sur l'objectif de l'e-mail. Les entreprises doivent utiliser un langage orienté vers l'action et positionner les CTA de manière stratégique dans l'e-mail afin de maximiser les taux de clics. En fournissant aux abonnés un chemin clair pour passer à l'action, les entreprises peuvent générer des conversions et atteindre leurs objectifs de campagne.

Visuels accrocheurs

Les éléments visuels, tels que les images ou les vidéos, peuvent considérablement améliorer l'impact d'une campagne par e-mail. Les entreprises doivent utiliser des visuels accrocheurs qui correspondent à l'objectif de l'e-mail et soutiennent le message transmis. Des images de haute qualité, des graphiques attrayants ou des vidéos engageantes peuvent capter l'attention des abonnés et les encourager à continuer à lire ou à agir.

Test et optimisation

Tester et optimiser les campagnes d'emailing est essentiel pour maximiser leur impact. Les entreprises doivent effectuer des tests A/B sur divers éléments, tels que les lignes d'objet, les CTA ou les conceptions d'e-mails, afin d'identifier les combinaisons les plus efficaces. De plus, l'analyse des mesures de performance, telles que les taux d'ouverture, les taux de clics et les conversions, permet aux entreprises d'affiner leurs campagnes et d'apporter des améliorations basées sur les données au fil du temps.

Personnalisation et segmentation

La personnalisation et la segmentation jouent un rôle essentiel dans la conception de campagnes par e-mail percutantes. En segmentant les abonnés en fonction de données démographiques, de préférences ou d'interactions passées, les entreprises peuvent fournir un contenu hautement ciblé et personnalisé. Adapter la messagerie électronique et les offres à des segments spécifiques garantit la pertinence et augmente la probabilité d'engagement et de conversions.

En mettant en œuvre ces principes de conception, les entreprises peuvent créer des campagnes par e-mail percutantes qui se démarquent dans les boîtes de réception des abonnés, stimulent l'engagement et fournissent les résultats souhaités. Une image de marque cohérente, une conception adaptée aux mobiles, des lignes d'objet et un texte de pré-en-tête convaincants, un contenu attrayant, des CTA clairs, des visuels accrocheurs, des tests et une optimisation, ainsi que la personnalisation et la segmentation contribuent tous à l'efficacité des campagnes par e-mail et aident les entreprises à atteindre leurs objectifs marketing.

Mise en place d'outils d'automatisation du marketing

Dans ce chapitre, nous explorons la mise en œuvre d'outils d'automatisation du marketing pour rationaliser et améliorer les efforts de marketing par e-mail. L'automatisation du marketing permet aux entreprises d'automatiser les tâches répétitives, de fournir un contenu personnalisé et de développer des prospects à grande échelle. En tirant efficacement parti des outils d'automatisation du marketing, les entreprises peuvent gagner du temps, améliorer leur efficacité et diffuser des messages ciblés qui résonnent auprès de leur public.

Choisir la bonne plateforme d'automatisation du marketing

La première étape de la mise en œuvre de l'automatisation du marketing consiste à sélectionner la bonne plateforme qui répond aux besoins de l'entreprise. Les entreprises doivent évaluer différents outils d'automatisation du marketing en fonction des fonctionnalités, de l'évolutivité, de la facilité d'utilisation, des capacités d'intégration et de la tarification. Il est essentiel de choisir une plate-forme qui s'aligne sur les objectifs de l'organisation et fournit les fonctionnalités nécessaires à l'automatisation du marketing par e-mail, telles que l'automatisation du flux de travail, la notation des prospects, la segmentation et l'analyse.

Construire des parcours clients et des flux de travail

Les plateformes d'automatisation du marketing permettent aux entreprises de créer des parcours clients et des flux de travail qui automatisent la livraison d'e-mails en fonction de déclencheurs, d'actions ou de conditions prédéfinis. Les entreprises doivent cartographier le parcours client et identifier les points de contact où des e-mails automatisés peuvent être envoyés pour engager et entretenir des prospects. Les flux de travail peuvent inclure des séquences de bienvenue, des rappels de panier abandonné, des campagnes de réengagement ou du contenu personnalisé basé sur le comportement ou les intérêts des abonnés.

Segmentation et personnalisation des campagnes d'e-mails

La segmentation et la personnalisation sont des éléments essentiels d'une automatisation marketing réussie. Les entreprises doivent utiliser les capacités de segmentation de la plate-forme d'automatisation pour classer les abonnés en fonction de données démographiques, de comportements ou d'intérêts. En segmentant l'audience, les entreprises peuvent envoyer des e-mails ciblés et personnalisés qui résonnent avec des groupes spécifiques, augmentant ainsi l'engagement et les conversions. Les jetons de personnalisation peuvent être utilisés pour insérer dynamiquement des informations spécifiques à l'abonné dans le contenu des e-mails, créant ainsi une expérience plus personnalisée et plus pertinente.

Notation et maturation des prospects

Les outils d'automatisation du marketing incluent souvent des fonctionnalités de notation des prospects qui attribuent des valeurs aux prospects en fonction de leur engagement et de leurs interactions. En mettant en œuvre la notation des prospects, les entreprises peuvent identifier et hiérarchiser les prospects les plus susceptibles de se convertir. Des campagnes de maturation peuvent être configurées pour envoyer automatiquement des e-mails ciblés aux prospects à différentes étapes de l'entonnoir de vente, leur fournissant un contenu pertinent et les guidant vers la conversion.

Analyser et optimiser les performances des campagnes

Les plates-formes d'automatisation du marketing offrent de solides capacités d'analyse et de création de rapports pour suivre et mesurer les performances des campagnes par e-mail. Les entreprises doivent analyser régulièrement les indicateurs clés tels que les taux d'ouverture, les taux de clics, les taux de conversion et les revenus générés. En obtenant des informations sur les performances des campagnes, les entreprises peuvent identifier les domaines à améliorer, prendre des décisions basées sur les données et optimiser leurs stratégies de marketing par e-mail pour de meilleurs résultats.

Intégration avec d'autres canaux de marketing

Les plates-formes d'automatisation du marketing offrent souvent des capacités d'intégration avec d'autres canaux et outils de marketing. Les entreprises devraient explorer les possibilités d'intégration pour améliorer leurs efforts de marketing globaux. Par exemple, l'intégration aux systèmes de gestion de la relation client (CRM) permet aux entreprises d'aligner les activités de vente et de marketing de manière transparente. Les intégrations avec les plateformes de médias sociaux ou les créateurs de pages de destination peuvent encore étendre la portée et l'impact des campagnes de marketing par e-mail.

Apprentissage continu et amélioration

La mise en place d'outils de marketing automation est un processus itératif. Les entreprises doivent continuellement apprendre des données, des commentaires des clients et des tendances du marché pour améliorer leurs stratégies d'automatisation. Tester régulièrement différentes approches, analyser les résultats et effectuer des ajustements en fonction des informations contribuent à l'optimisation et au succès continus.

En mettant en œuvre efficacement des outils d'automatisation du marketing, les entreprises peuvent automatiser les flux de travail de messagerie, personnaliser le contenu, entretenir les prospects et atteindre une plus grande efficacité dans leurs efforts de marketing par e-mail. La sélection de la bonne plate-forme, la création de parcours client, la segmentation et la personnalisation des campagnes, la notation et la maturation des prospects, l'analyse des performances des campagnes, l'intégration avec d'autres canaux et l'adoption d'une amélioration continue jouent tous un rôle crucial dans l'exploitation de la puissance de l'automatisation du marketing pour le succès du marketing par e-mail.

Stratégies de personnalisation et de segmentation pour le marketing par e-mail

Dans ce chapitre, nous approfondissons l'importance de la personnalisation et de la segmentation dans le marketing par e-mail et explorons des stratégies pour les mettre en œuvre efficacement. La personnalisation et la segmentation permettent aux entreprises de fournir un contenu ciblé et pertinent aux abonnés, ce qui se traduit par un engagement plus élevé, des conversions accrues et des relations clients plus solides.

Comprendre la personnalisation dans le marketing par e-mail

La personnalisation consiste à adapter le contenu des e-mails aux abonnés individuels en fonction de leurs préférences, de leur comportement et de leurs données démographiques. Cela va au-delà du simple fait de s'adresser au destinataire par son nom, cela englobe la personnalisation du contenu, des offres, des recommandations et même de l'heure d'envoi de l'e-mail. La personnalisation crée une expérience plus personnalisée et pertinente pour les abonnés, les faisant se sentir valorisés et augmentant leur engagement avec l'e-mail.

Importance de la segmentation dans le marketing par e-mail

La segmentation consiste à catégoriser les abonnés en groupes distincts en fonction de critères spécifiques, tels que les données démographiques, les préférences, l'historique des achats ou le niveau d'engagement. En segmentant l'audience, les entreprises peuvent créer des campagnes d'e-mails ciblées qui résonnent avec les caractéristiques et les intérêts uniques de chaque groupe. La segmentation permet un ciblage plus précis, permettant aux entreprises de proposer un contenu et des offres très pertinents, ce qui se traduit par une amélioration des taux d'ouverture, des taux de clics et des conversions.

Collecte et exploitation des données des abonnés

Pour personnaliser et segmenter efficacement, les entreprises doivent collecter et exploiter les données des abonnés. Ils peuvent collecter des données via des formulaires d'inscription, des centres de préférences, l'historique des achats, des interactions sur le site Web ou des enquêtes. Ces données fournissent des informations précieuses sur les intérêts, les préférences et les comportements des abonnés, permettant aux entreprises d'adapter leurs campagnes par e-mail en conséquence. L'exploitation des données des abonnés permet aux entreprises de créer un contenu hautement ciblé et personnalisé qui résonne avec chaque individu.

Création de contenu dynamique

Le contenu dynamique implique la modification dynamique de parties d'un e-mail en fonction des attributs ou des préférences du destinataire. Il permet aux entreprises de personnaliser le contenu des e-mails en fonction des données des abonnés, en fournissant des recommandations personnalisées, des suggestions de produits ou des offres spécifiques à un lieu. Le contenu dynamique crée une expérience plus personnalisée pour chaque abonné, augmentant son engagement et générant des taux de conversion plus élevés.

Implémentation de déclencheurs basés sur le comportement

Les déclencheurs basés sur le comportement sont des e-mails automatisés déclenchés par des actions ou des comportements spécifiques d'un abonné, comme effectuer un achat, abandonner un panier ou s'inscrire à une newsletter. En configurant des déclencheurs basés sur le comportement, les entreprises peuvent envoyer des e-mails opportuns et pertinents qui répondent aux actions des abonnés. Ces e-mails déclenchés peuvent inclure des recommandations de produits personnalisées, des rappels ou des offres exclusives, offrant une expérience client transparente et personnalisée.

Marketing par e-mail tout au long du cycle de vie

Le marketing par e-mail tout au long du cycle de vie consiste à envoyer des e-mails ciblés à différentes étapes du cycle de vie du client, de l'intégration à la fidélisation et au réengagement. En comprenant où en sont les abonnés dans leur parcours, les entreprises peuvent envoyer des e-mails pertinents qui répondent à leurs besoins et intérêts spécifiques. Par exemple, les nouveaux abonnés peuvent recevoir une série de bienvenue, tandis que les clients fidèles peuvent recevoir des offres exclusives ou des récompenses de fidélité. Le marketing par e-mail du cycle de vie nourrit les relations avec les clients et encourage l'engagement à long terme.

Tester et optimiser la personnalisation et la segmentation

Pour garantir l'efficacité des stratégies de personnalisation et de segmentation, les entreprises doivent continuellement tester et optimiser leurs campagnes par e-mail. Les tests A/B de différents éléments de personnalisation, critères de segmentation ou variations de contenu permettent d'identifier les approches les plus efficaces. L'analyse des mesures de performance, telles que les taux d'ouverture, les taux de clics et les conversions, fournit des informations sur l'efficacité des efforts de personnalisation et de segmentation, permettant aux entreprises d'affiner leurs stratégies pour de meilleurs résultats.

En mettant en œuvre des stratégies de personnalisation et de segmentation dans le marketing par e-mail, les entreprises peuvent fournir un contenu ciblé et pertinent qui résonne auprès des abonnés. La collecte et l'exploitation des données des abonnés, la création de contenu dynamique, la mise en œuvre de déclencheurs basés sur le comportement, l'exploitation du marketing par e-mail tout au long du cycle de vie, ainsi que les tests et l'optimisation continus contribuent tous à une personnalisation et une segmentation réussies. Ces stratégies se traduisent par un engagement amélioré, des conversions accrues et des relations clients plus solides, ce qui, en fin de compte, contribue au succès des campagnes de marketing par e-mail.

Chapitre 9
Marketing d'influence et partenariats de marque

Dans ce chapitre, nous explorons la stratégie puissante du marketing d'influence et des partenariats de marque, qui sont devenus des éléments essentiels des campagnes de marketing modernes. Le marketing d'influence tire parti de la portée et de l'influence d'individus ayant d'importants suivis en ligne pour promouvoir des produits ou des services, tandis que les partenariats de marque impliquent une collaboration avec d'autres marques pour créer des initiatives de marketing mutuellement bénéfiques. En comprenant et en mettant en œuvre efficacement ces stratégies, les entreprises peuvent étendre leur portée, renforcer leur crédibilité et susciter un engagement significatif auprès de leur public cible.

Comprendre le marketing d'influence

Le marketing d'influence implique de collaborer avec des personnes qui ont établi une crédibilité et un public fidèle dans un créneau ou une industrie spécifique. Les influenceurs, généralement actifs sur les plateformes de médias sociaux comme Instagram, YouTube ou TikTok, ont le pouvoir d'influencer les opinions et les décisions d'achat de leurs abonnés. En s'associant à des influenceurs dont les valeurs correspondent à leur marque, les entreprises peuvent exploiter leur portée, leur authenticité et leur influence pour promouvoir leurs produits ou services auprès d'un public très engagé.

Identifier les bons influenceurs

Choisir les bons influenceurs est essentiel pour le succès d'une campagne de marketing d'influence. Les entreprises doivent tenir compte de facteurs tels que la démographie de l'audience, les taux d'engagement, la qualité du contenu et l'alignement de la marque lors de la sélection des influenceurs. Les micro-influenceurs, avec des audiences plus petites mais très engagées, peuvent être particulièrement efficaces pour les marchés de niche. Une recherche et une analyse approfondies du contenu des influenceurs, des données démographiques de l'audience et des collaborations précédentes peuvent aider à assurer une forte adéquation avec la marque.

Développer des partenariats authentiques

Les campagnes de marketing d'influence réussies reposent sur des partenariats authentiques. Il est essentiel pour les entreprises d'établir de véritables relations avec les influenceurs basées sur des valeurs partagées et le respect mutuel. En impliquant les influenceurs dans le processus créatif et en leur donnant la liberté d'exprimer leurs opinions authentiques, les entreprises peuvent s'assurer que le contenu résonne à la fois avec le public de l'influenceur et avec le message de sa marque. L'authenticité est essentielle pour établir la confiance et la crédibilité auprès du public cible.

Tirer parti de différents types de collaborations d'influenceurs

Le marketing d'influence offre diverses options de collaboration pour répondre aux différents objectifs et budgets de campagne. Ceux-ci incluent le contenu sponsorisé, les placements de produits, les ambassadeurs de marque ou les programmes d'affiliation. Le contenu sponsorisé implique des influenceurs créant des publications ou des vidéos dédiées faisant la promotion de la marque ou de ses produits. Les placements de produits présentent les produits de la marque dans le contenu des influenceurs de manière plus organique. Les ambassadeurs de marque impliquent des partenariats à plus long terme avec des influenceurs représentant la marque sur une base continue. Les programmes d'affiliation permettent aux influenceurs de gagner une commission pour générer des ventes via leurs liens d'affiliation uniques. Le choix du bon type de collaboration dépend des objectifs de la campagne et du public cible.

Exploiter la puissance des partenariats de marque

Les partenariats de marque impliquent de collaborer avec d'autres marques complémentaires pour créer des initiatives de marketing conjointes. En s'alignant sur des marques partageant les mêmes idées, les entreprises peuvent tirer parti de l'audience, de l'expertise et des ressources de chacun pour amplifier leurs efforts de marketing et atteindre une base de consommateurs plus large. Les partenariats de marque offrent des opportunités de co-création de contenu, d'organisation de promotions conjointes, d'organisation d'événements ou de développement de produits co-marqués, profitant aux deux marques et offrant une valeur unique au public cible.

Identification des partenaires de marque compatibles

Trouver des partenaires de marque compatibles est crucial pour des collaborations réussies. Les entreprises doivent rechercher des marques qui partagent des valeurs similaires, ciblent des publics similaires et complètent leurs produits ou services. La collaboration avec des marques non compétitives permet une promotion croisée et l'accès à un bassin plus large de clients potentiels. Des recherches approfondies et une vision commune du partenariat contribuent à garantir une adéquation solide et à maximiser les avantages pour les deux marques impliquées.

Co-création de contenu convaincant

L'un des principaux avantages des partenariats de marque est la possibilité de co-créer un contenu engageant qui résonne avec le public des deux marques. En combinant leurs forces créatives, les marques peuvent développer un contenu unique et convaincant qui raconte une histoire cohérente et apporte de la valeur au public cible. Le contenu co-créé peut prendre diverses formes, notamment des articles de blog, des vidéos, des campagnes sur les réseaux sociaux ou même des événements communs. La clé est de s'assurer que le contenu s'aligne sur les valeurs et les intérêts des deux marques et offre une expérience de marque transparente.

Amplifier la portée et l'engagement

Les partenariats de marque offrent la possibilité de puiser dans l'audience existante de l'autre et d'élargir la portée et l'engagement. En faisant la promotion mutuelle des produits ou services de l'autre, les deux marques peuvent exposer leurs offres à un nouvel ensemble de clients potentiels susceptibles d'avoir un véritable intérêt pour ce qu'elles ont à offrir. Tirer parti des canaux de médias sociaux, des newsletters ou d'autres canaux de marketing de chacun permet une exposition plus large et un engagement accru avec le public cible.

Mesurer et évaluer le succès du partenariat

Mesurer le succès des partenariats de marque est essentiel pour évaluer l'efficacité de la collaboration et prendre des décisions basées sur les données pour les initiatives futures. Les entreprises doivent établir des objectifs clairs et des indicateurs de performance clés (KPI) dès le début du partenariat. Le suivi des mesures telles que la portée, l'engagement, le trafic sur le site Web, les conversions ou l'acquisition de clients peut fournir des informations précieuses sur l'impact du partenariat. Une évaluation régulière permet une optimisation continue et l'identification de stratégies de partenariat réussies.

En mettant en œuvre efficacement le marketing d'influence et les partenariats de marque, les entreprises peuvent tirer parti de la portée, de la crédibilité et des ressources des influenceurs et des marques complémentaires pour améliorer leurs efforts de marketing. Identifier les bons influenceurs, développer des partenariats authentiques, tirer parti de différents types de collaboration, identifier des partenaires de marque compatibles, co-créer un contenu convaincant, amplifier la portée et l'engagement et mesurer le succès du partenariat sont tous des éléments clés du succès des stratégies de marketing d'influence et de partenariat de marque.

L'identification des influenceurs pertinents pour votre marque est une étape cruciale dans l'exécution d'une campagne de marketing d'influence réussie. Les bons influenceurs peuvent vous aider à atteindre votre public cible, à renforcer la notoriété de votre marque et à stimuler l'engagement et les conversions. Voici quelques stratégies pour vous aider à identifier les influenceurs qui correspondent à votre marque :

Définissez votre public cible

- Commencez par définir clairement votre public cible et comprenez ses données démographiques, ses intérêts et ses préférences. Cela vous aidera à identifier les influenceurs dont les abonnés correspondent à votre profil de client idéal.

Mener des recherches approfondies

Utilisez les plateformes de médias sociaux, les plateformes de marketing d'influence et les sites Web liés à l'industrie pour rechercher et identifier les influenceurs dans votre créneau. Recherchez des influenceurs qui créent du contenu pertinent pour votre secteur et qui ont un public substantiel et engagé.

Analyser les métriques des influenceurs

Regardez au-delà du nombre d'abonnés et évaluez d'autres mesures clés pour évaluer la pertinence et l'impact d'un influenceur. Tenez compte de facteurs tels que le taux d'engagement, la portée, la moyenne des likes et des commentaires par publication, ainsi que la qualité de leur contenu. Des outils tels que les plateformes d'analyse des médias sociaux ou les plateformes de marketing d'influence peuvent fournir des informations précieuses.

Évaluer l'authenticité et l'alignement des influenceurs

L'authenticité est cruciale dans le marketing d'influence. Évaluez le contenu d'un influenceur pour vous assurer qu'il correspond aux valeurs, aux messages et à l'esthétique de votre marque. Recherchez des influenceurs qui ont une véritable connexion avec leur public et créez un contenu qui résonne avec leurs abonnés.

Envisagez des partenariats et des collaborations avec des influenceurs

Recherchez des influenceurs qui ont déjà collaboré avec des marques de votre secteur ou avec des publics cibles similaires. Évaluez le succès et l'impact de ces partenariats pour déterminer s'ils conviendraient à votre marque.

S'engager avec des influenceurs

Une fois que vous avez identifié les influenceurs potentiels, engagez-vous avec eux sur les plateformes de médias sociaux. Interagissez avec leur contenu, laissez des commentaires significatifs et commencez à construire une relation. Cela peut vous aider à évaluer leur réactivité et à évaluer davantage leur adéquation à votre marque.

Tirez parti des plateformes de marketing d'influence

Envisagez d'utiliser des plateformes de marketing d'influence qui connectent les marques aux influenceurs. Ces plateformes donnent accès à un vaste réseau d'influenceurs et offrent des options avancées de recherche et de filtrage basées sur des critères précis, facilitant ainsi la recherche d'influenceurs pertinents pour votre marque.

Pensez aux micro-influenceurs

Ne négligez pas le potentiel des micro-influenceurs qui ont des abonnés plus petits mais très engagés. Ils ont souvent un public de niche et peuvent fournir une portée plus ciblée et des taux d'engagement plus élevés. Les micro-influenceurs peuvent également être plus rentables pour les marques aux budgets limités.

N'oubliez pas que la clé est de trouver des influenceurs qui s'alignent authentiquement sur votre marque et qui ont un public engagé qui correspond à votre groupe démographique cible. Construire des relations à long terme avec des influenceurs qui soutiennent véritablement votre marque peut conduire à des partenariats fructueux et réussis.

La négociation de partenariats et de collaborations est une étape cruciale pour établir des relations mutuellement bénéfiques avec d'autres marques ou influenceurs. Des négociations réussies peuvent mener à des initiatives de marketing percutantes et ouvrir des portes à de nouvelles opportunités. Voici quelques stratégies pour vous aider à naviguer efficacement dans le processus de négociation :

Définissez vos objectifs

Décrivez clairement vos objectifs et ce que vous visez à atteindre grâce au partenariat ou à la collaboration. Identifiez les objectifs spécifiques que vous souhaitez atteindre, tels que l'augmentation de la notoriété de la marque, l'atteinte d'un nouveau public cible ou la stimulation des ventes. Avoir des objectifs bien définis guidera votre stratégie de négociation.

Rechercher et recueillir des informations

Avant d'entamer des négociations, rassemblez des informations sur le partenaire ou l'influenceur potentiel. Comprenez leurs valeurs, leur public cible, leurs collaborations passées et la valeur qu'ils peuvent apporter à votre marque. Cette connaissance vous aidera à adapter votre approche de négociation et à démontrer votre compréhension de leur proposition de valeur unique.

Identifier les avantages partagés

Mettez en évidence les avantages que les deux parties peuvent retirer du partenariat ou de la collaboration. Réfléchissez à ce que vous pouvez offrir à l'autre partie en termes d'exposition, d'accès à votre public ou de ressources. Mettre l'accent sur les synergies et les opportunités de croissance qui découlent de la collaboration. Présentez un cas convaincant expliquant pourquoi la collaboration est un scénario gagnant-gagnant.

Déterminer la portée et les livrables

Définissez clairement la portée du partenariat ou de la collaboration, y compris les livrables spécifiques, les échéanciers et les attentes des deux parties. Discutez des types de contenu, de campagnes ou d'activités que vous envisagez et assurez-vous que les deux parties sont alignées sur les résultats souhaités. Cette clarté aidera à éviter les malentendus sur toute la ligne.

Négocier des conditions mutuellement avantageuses

Négociez des conditions avantageuses pour les deux parties concernées. Cela peut inclure des aspects tels que la rémunération, les modèles de partage des revenus, l'exclusivité, les droits de propriété intellectuelle ou les obligations promotionnelles. Trouvez un équilibre qui répond aux besoins des deux parties et correspond à la valeur que chacune apporte à la collaboration.

Maintenir une communication ouverte et respectueuse

Tout au long du processus de négociation, maintenez une communication ouverte et respectueuse avec le partenaire ou l'influenceur potentiel. Écoutez leurs points de vue, répondez à leurs préoccupations et soyez ouvert à la recherche d'un terrain d'entente. Une communication efficace renforce la confiance et jette les bases d'un partenariat réussi.

Envisagez une période d'essai ou un projet pilote

Si vous hésitez à vous engager dans un partenariat à long terme, envisagez de commencer par une période d'essai ou un projet pilote. Cela vous permet de tester la collaboration à plus petite échelle et d'évaluer son efficacité avant de vous engager dans un partenariat plus étendu. Il donne également aux deux parties l'occasion d'évaluer la dynamique de travail et les résultats.

Avoir un accord écrit

Une fois les négociations terminées et les conditions convenues, formalisez le partenariat ou la collaboration dans un accord écrit. Incluez toutes les conditions convenues, les livrables, les échéanciers et tout autre détail pertinent. Avoir un accord clair protège les deux parties et garantit que les attentes sont satisfaites.

N'oubliez pas que les négociations doivent être un processus de collaboration où les deux parties se sentent valorisées et bénéficient du partenariat. Soyez ouvert aux compromis, trouvez des solutions créatives et maintenez une approche positive et professionnelle tout au long du processus de négociation. L'établissement de partenariats et de collaborations solides est un processus continu qui nécessite une communication continue, un respect mutuel et une vision partagée du succès.

Mesurer l'efficacité des campagnes d'influence

Mesurer l'efficacité des campagnes d'influence est essentiel pour évaluer leur impact, optimiser les stratégies futures et démontrer le retour sur investissement. Bien que chaque campagne puisse avoir des objectifs uniques, il existe plusieurs mesures et stratégies clés qui peuvent vous aider à mesurer leur efficacité :

Portée et impressions

Évaluez la portée et les impressions générées par la campagne d'influence. Cela inclut la mesure du nombre total d'abonnés atteints grâce au contenu de l'influenceur et le nombre de fois que le contenu a été visionné. Ces mesures fournissent des informations sur l'exposition globale de la campagne et la portée potentielle de l'audience.

Métriques d'engagement

Évaluez l'engagement généré par la campagne d'influence, comme les likes, les commentaires, les partages et les sauvegardes sur les plateformes de médias sociaux. Les mesures d'engagement indiquent dans quelle mesure le contenu a trouvé un écho auprès du public et le niveau d'interaction qu'il a généré. Des taux d'engagement plus élevés indiquent généralement une campagne plus percutante.

Taux de clics (CTR)

Suivez le CTR pour mesurer l'efficacité de la génération de trafic vers votre site Web ou votre page de destination. Cette métrique indique le pourcentage d'utilisateurs qui ont cliqué sur le contenu de l'influenceur et ont ensuite visité votre site Web. Un CTR plus élevé suggère que la campagne a réussi à générer du trafic et à susciter l'intérêt de l'audience.

Conversions et ventes

Mesurez le nombre de conversions ou de ventes directement attribuées à la campagne d'influence. Cela peut être fait en utilisant des liens de suivi uniques, des codes promotionnels ou des programmes de parrainage. Le suivi des conversions fournit des preuves tangibles de l'impact de la campagne sur la génération de résultats commerciaux réels.

Mentions de marque et sentiment

Surveillez les mentions de la marque et le sentiment associé à la campagne d'influence. Analysez les conversations, les commentaires et les retours directs sur les réseaux sociaux pour évaluer le sentiment général et la perception de votre marque par le public. Les mentions et les sentiments positifs de la marque indiquent une campagne d'influence réussie qui a influencé positivement la perception de la marque.

Croissance de l'audience

Évaluez tout changement dans votre propre réseau social ou votre base d'abonnés par e-mail pendant et après la campagne d'influence. Une augmentation du nombre de nouveaux abonnés ou abonnés peut indiquer que la campagne a réussi à élargir l'audience de votre marque et à susciter l'intérêt de nouveaux clients potentiels.

Sondages et commentaires

Recueillez les commentaires directs de votre public par le biais d'enquêtes ou de sondages pour comprendre leur perception, leurs attitudes et leur comportement d'achat résultant de la campagne d'influence. Ces données qualitatives fournissent des informations précieuses sur l'impact de la campagne sur la perception de la marque, la confiance des clients et l'intention d'achat.

Rentabilité

Évaluez la rentabilité de la campagne d'influence en comparant les dépenses engagées avec les résultats obtenus. Calculez des mesures telles que le coût par impression, le coût par engagement ou le coût par conversion pour évaluer l'efficacité de votre investissement dans le marketing d'influence.

Partenariats à long terme

Évaluez le potentiel de partenariats à long terme avec des influenceurs en fonction des performances de leurs campagnes. Tenez compte de mesures telles que les collaborations répétées, la croissance des abonnés au fil du temps et l'engagement continu pour déterminer l'impact à long terme de l'influenceur sur la croissance et le succès de votre marque.

N'oubliez pas que la mesure de l'efficacité des campagnes d'influence doit correspondre aux objectifs de votre campagne et être adaptée à vos objectifs spécifiques. Utilisez une combinaison de mesures quantitatives et qualitatives pour acquérir une compréhension complète de l'impact de la campagne. Examinez et analysez régulièrement ces métriques pour affiner vos stratégies d'influence et améliorer vos futures campagnes.

CHAPITRE 10
Analyse et suivi des performances

Dans le paysage actuel du marketing numérique, la prise de décision basée sur les données est cruciale pour optimiser les campagnes et obtenir des résultats optimaux. Le chapitre 10 aborde l'importance de l'analyse et du suivi des performances, en expliquant comment les entreprises peuvent exploiter les données pour mesurer l'efficacité de leurs efforts marketing et prendre des décisions éclairées.

Comprendre le rôle de l'analytique

L'analyse implique la collecte, l'analyse et l'interprétation des données pour mieux comprendre les différents aspects des campagnes marketing. Il fournit des informations précieuses sur le comportement du public, les performances de la campagne et le retour sur investissement global. En comprenant le rôle de l'analyse, les entreprises peuvent exploiter la puissance des données pour optimiser leurs stratégies et obtenir de meilleurs résultats.

Définition des indicateurs de performance clés (KPI)

La définition d'indicateurs de performance clés (KPI) est une étape cruciale dans l'analyse et le suivi des performances. Les KPI sont des mesures mesurables qui s'alignent sur les objectifs commerciaux et indiquent le succès des efforts de marketing. Ils peuvent varier en fonction des objectifs de la campagne et peuvent inclure des mesures telles que les taux de conversion, les taux de clics, les coûts d'acquisition de clients, le retour sur les dépenses publicitaires ou les taux d'engagement. En définissant des KPI clairs, les entreprises peuvent concentrer leurs efforts et suivre efficacement leurs progrès.

Implémentation d'outils d'analyse Web

Les outils d'analyse Web, tels que Google Analytics, fournissent aux entreprises des informations précieuses sur les performances du site Web, le comportement des utilisateurs et le suivi des conversions. En mettant en œuvre des outils d'analyse Web, les entreprises peuvent suivre des mesures telles que le trafic sur le site Web, les taux de rebond, la durée de la session et les entonnoirs de conversion. Ces outils permettent aux entreprises de comprendre comment les visiteurs interagissent avec leur site Web, d'identifier les domaines à améliorer et d'optimiser l'expérience utilisateur pour générer de meilleures conversions..

Analyse des médias sociaux

Les plateformes de médias sociaux offrent des outils d'analyse intégrés qui fournissent des informations sur les performances des campagnes de médias sociaux. Ces outils fournissent des données sur la portée, l'engagement, la croissance des abonnés, les données démographiques et les performances du contenu. En analysant l'analyse des médias sociaux, les entreprises peuvent évaluer l'efficacité de leurs stratégies de médias sociaux, identifier les types de contenu qui résonnent avec leur public et prendre des décisions basées sur les données pour améliorer l'engagement et atteindre leurs objectifs marketing.

Analyse du marketing par e-mail

Les plates-formes de marketing par e-mail offrent souvent des fonctionnalités d'analyse robustes qui permettent aux entreprises de suivre les performances des campagnes par e-mail. Des mesures telles que les taux d'ouverture, les taux de clics, les taux de conversion et les taux de désabonnement fournissent des informations sur l'efficacité des campagnes par e-mail. En analysant les analyses de marketing par e-mail, les entreprises peuvent affiner leurs stratégies de messagerie, optimiser le contenu et améliorer la personnalisation pour générer un engagement et des conversions plus élevés.

Prise de décision basée sur les données

La prise de décision basée sur les données implique l'utilisation d'informations dérivées de l'analyse pour éclairer les stratégies et tactiques de marketing. En analysant les données et en identifiant les modèles, les entreprises peuvent prendre des décisions éclairées qui maximisent leur retour sur investissement marketing et génèrent de meilleurs résultats.

Analyser les performances des campagnes

L'analyse des performances des campagnes implique d'évaluer régulièrement les performances des campagnes marketing par rapport à des KPI prédéfinis. En examinant les données et les analyses, les entreprises peuvent identifier quelles campagnes réussissent, quelles stratégies génèrent les meilleurs résultats et où des améliorations peuvent être apportées. Cette analyse permet aux entreprises d'allouer efficacement les ressources et d'optimiser leurs efforts de marketing.

Tests A/B et optimisation

Le test A/B est une technique puissante qui consiste à tester deux variantes ou plus d'un élément marketing pour déterminer laquelle est la plus performante. En effectuant des tests A/B sur des variables telles que les créations publicitaires, la conception des pages de destination, les lignes d'objet des e-mails ou les boutons d'appel à l'action, les entreprises peuvent identifier les éléments les plus efficaces et optimiser leurs campagnes en conséquence. Les tests A/B permettent une prise de décision basée sur les données et une amélioration continue.

Segmentation et personnalisation de la clientèle

L'analyse peut aider les entreprises à mieux comprendre leur public grâce à la segmentation de la clientèle. En analysant les données démographiques, les comportements et les préférences des clients, les entreprises peuvent segmenter leur public en groupes distincts. Cette segmentation permet des stratégies marketing personnalisées qui résonnent avec des segments de clientèle spécifiques, entraînant un engagement et des conversions plus élevés.

Analyse du retour sur investissement

La mesure du retour sur investissement (ROI) est un aspect essentiel de la prise de décision basée sur les données. En analysant les données sur les coûts des campagnes et les résultats correspondants, les entreprises peuvent évaluer l'efficacité et la rentabilité de leurs efforts de marketing. L'analyse du retour sur investissement aide à identifier les campagnes ou les canaux qui offrent les meilleurs retours, permettant aux entreprises d'allouer les ressources de manière stratégique et d'optimiser leurs dépenses marketing.

Confidentialité et sécurité des données

À l'ère du marketing axé sur les données, les entreprises doivent donner la priorité à la confidentialité et à la sécurité des données. Il est crucial de se conformer aux réglementations applicables en matière de protection des données et de garantir que les données des clients sont collectées, stockées et analysées en toute sécurité. En mettant en œuvre des mesures de sécurité des données robustes et en adhérant aux meilleures pratiques, les entreprises peuvent préserver la confiance des clients et maintenir l'intégrité de leurs pratiques de marketing axées sur les données.

En adoptant l'analyse et le suivi des performances, les entreprises peuvent obtenir des informations précieuses sur leurs campagnes marketing, le comportement des clients et les performances globales. Grâce à une prise de décision basée sur les données, les entreprises peuvent optimiser leurs stratégies, améliorer l'expérience client et atteindre leurs objectifs marketing plus efficacement. L'analyse et le suivi des performances permettent aux entreprises de rester compétitives dans le paysage marketing actuel centré sur les données.

Mise en place d'outils d'analyse (Google Analytics, etc.)

La configuration d'outils d'analyse, tels que Google Analytics, est essentielle pour que les entreprises obtiennent des informations précieuses sur les performances du site Web, le comportement des utilisateurs et le suivi des conversions. Voici les étapes impliquées dans la configuration des outils d'analyse :

Créer un compte

Visitez le site Web de l'outil d'analyse que vous souhaitez utiliser, tel que Google Analytics (analytics.google.com), et créez un compte en fournissant les informations nécessaires.

Configurer une propriété

Une fois que vous avez un compte, configurez une nouvelle propriété pour votre site Web dans l'outil d'analyse. Fournissez des détails tels que l'URL du site Web, la catégorie de l'industrie et le fuseau horaire.

Obtenir le code de suivi

Une fois la propriété configurée, l'outil d'analyse vous fournira un extrait de code de suivi. Ce code doit être ajouté à chaque page de votre site Web pour collecter des données. Copiez le code de suivi fourni par l'outil d'analyse.

Ajouter le code de suivi à votre site Web

Insérez le code de suivi dans le code HTML de votre site Web. Le code doit être placé juste avant la balise de fermeture </head> sur chaque page de votre site Web. Cela permet à l'outil d'analyse de collecter des données sur les interactions des utilisateurs et les performances du site Web.

Configurer les objectifs et le suivi des conversions

Définissez des objectifs dans l'outil d'analyse pour suivre des actions spécifiques sur votre site Web qui indiquent des conversions, telles que les soumissions de formulaires, les achats ou les inscriptions à la newsletter. Configurez le suivi des conversions pour mesurer et attribuer précisément ces actions à vos efforts marketing.

Activer le suivi du commerce électronique (le cas échéant)

Si votre site Web comprend une plate-forme de commerce électronique, activez le suivi du commerce électronique dans l'outil d'analyse. Cette fonctionnalité vous permet de suivre les revenus, les transactions et d'autres mesures spécifiques au commerce électronique pour évaluer les performances de votre boutique en ligne.

Personnaliser les rapports et les tableaux de bord

Adaptez les paramètres de création de rapports et de tableau de bord dans l'outil d'analyse pour vous concentrer sur les mesures les plus importantes pour votre entreprise. Créez des rapports personnalisés, configurez des rapports automatisés par e-mail et créez des tableaux de bord personnalisés pour surveiller les indicateurs de performance clés (KPI) alignés sur vos objectifs marketing.

Lier d'autres plates-formes (le cas échéant)

Intégrez d'autres plates-formes, telles que des plates-formes publicitaires ou des outils de marketing par e-mail, à votre outil d'analyse pour collecter des données et des informations complètes. Ce lien vous permet de suivre et d'analyser l'efficacité de vos campagnes marketing de manière globale.

Configurer les filtres et la segmentation des données

Utilisez les filtres et les fonctionnalités de segmentation des données dans l'outil d'analyse pour affiner votre analyse des données. Les filtres peuvent exclure le trafic interne ou inclure des segments spécifiques, tandis que la segmentation vous permet d'analyser les données en fonction des données démographiques, du comportement ou des sources de trafic des utilisateurs.

Tester et vérifier la mise en œuvre

Après avoir configuré l'outil d'analyse et ajouté le code de suivi, vérifiez que la mise en œuvre fonctionne correctement. Visitez votre site Web et assurez-vous que les données sont capturées dans l'interface de création de rapports de l'outil d'analyse. Effectuez des tests de conversion pour confirmer que les objectifs et le suivi des conversions fonctionnent comme prévu.

Surveiller et analyser régulièrement les données

Une fois la configuration terminée, surveillez et analysez régulièrement les données fournies par l'outil d'analyse. Évaluez les mesures clés, suivez les tendances et obtenez des informations sur le comportement des utilisateurs pour prendre des décisions éclairées et optimiser vos stratégies marketing.

La configuration d'outils d'analyse tels que Google Analytics nécessite une attention particulière aux détails et une surveillance continue pour garantir une collecte et une analyse précises des données. En mettant en œuvre ces outils, les entreprises peuvent obtenir des informations précieuses pour améliorer les performances du site Web, optimiser les efforts de marketing et obtenir de meilleurs résultats.

Analyser les indicateurs clés et interpréter les données

L'analyse des mesures clés et l'interprétation des données sont une étape cruciale pour tirer parti des informations fournies par les outils d'analyse. En comprenant et en interprétant les données, les entreprises peuvent obtenir des informations précieuses sur les performances de leurs campagnes marketing et prendre des décisions éclairées pour optimiser leurs stratégies. Voici les étapes nécessaires à l'analyse des mesures clés et à l'interprétation efficace des données :

Identifier les métriques pertinentes

Commencez par identifier les indicateurs clés qui correspondent aux objectifs de votre campagne et à vos objectifs commerciaux. Ceux-ci peuvent inclure des mesures telles que le trafic sur le site Web, les taux de conversion, les taux d'engagement, les taux de clics, les taux de rebond ou les revenus générés. Concentrez-vous sur les mesures qui fournissent les informations les plus significatives sur vos objectifs spécifiques.

Définir des repères et des objectifs

Établissez des repères et des objectifs pour chaque métrique afin de fournir un contexte pour votre analyse. Cela vous permet de comparer les performances actuelles aux performances passées ou aux normes de l'industrie. Des repères et des objectifs clairs vous permettent d'évaluer l'efficacité de vos efforts de marketing et de suivre les progrès au fil du temps.

Données sectorielles

La segmentation des données vous permet d'analyser les performances en fonction de critères spécifiques tels que les données démographiques, les sources de trafic ou le comportement des utilisateurs. En segmentant les données, vous pouvez identifier des modèles, des tendances et des opportunités au sein de différents segments de votre public. Cette analyse permet d'adapter vos stratégies marketing à des segments d'audience spécifiques pour un ciblage et un engagement améliorés.

Effectuer une analyse comparative

Comparez les données sur différentes périodes, campagnes ou segments pour identifier les tendances, les modèles et les domaines à améliorer. L'analyse comparative vous aide à comprendre l'impact d'initiatives marketing spécifiques, à identifier les stratégies efficaces et à prendre des décisions basées sur les données pour les campagnes futures.

Rechercher des corrélations et des causes

Identifiez les corrélations entre différentes métriques et déterminez les causes pour comprendre comment une métrique peut avoir un impact sur une autre. Par exemple, analysez comment les changements dans le trafic du site Web peuvent influencer les taux de conversion ou comment les variations des dépenses publicitaires affectent les revenus. La compréhension de ces relations peut guider la prise de décision stratégique et optimiser les performances des campagnes.

Utiliser des techniques de visualisation

Visualisez les données à l'aide de diagrammes, de graphiques ou de tableaux de bord pour faciliter l'interprétation et l'identification des tendances. Les représentations visuelles des données peuvent aider à identifier les modèles, les valeurs aberrantes et les domaines d'intérêt plus efficacement que les chiffres bruts. Les techniques de visualisation facilitent la narration basée sur les données et facilitent la communication des informations au sein de votre organisation.

Rechercher le contexte et les facteurs externes

Tenez compte des facteurs externes susceptibles d'avoir influencé les données, tels que la saisonnalité, les tendances du marché ou des événements spécifiques. Comprendre le contexte externe aide à fournir une interprétation plus complète des données et permet une prise de décision plus précise.

Itérer et optimiser

Analysez et interprétez en continu les données pour identifier les domaines à optimiser. Utilisez les informations obtenues pour affiner vos stratégies marketing, tester de nouvelles approches et améliorer les performances de vos campagnes. Révisez et itérez régulièrement vos stratégies en vous basant sur des informations basées sur les données pour favoriser une amélioration continue.

Appliquer les informations à la prise de décision

Enfin, traduisez les informations tirées de l'analyse des données en stratégies et tactiques exploitables. Utilisez les informations pour guider vos décisions marketing, allouer efficacement les ressources et optimiser vos campagnes pour de meilleurs résultats.

En analysant les mesures clés et en interprétant efficacement les données, les entreprises peuvent obtenir des informations exploitables pour améliorer leurs stratégies marketing et obtenir de meilleurs résultats. L'analyse et l'interprétation régulières des données aident à identifier les tendances, à découvrir les opportunités et à prendre des décisions basées sur les données qui conduisent à des campagnes optimisées et à un retour sur investissement accru.

Prendre des décisions basées sur les données pour une amélioration continue

Prendre des décisions basées sur les données pour une amélioration continue est un processus vital dans le marketing moderne. En tirant parti des informations sur les données, les entreprises peuvent optimiser leurs stratégies, améliorer l'expérience client et obtenir de meilleurs résultats. Voici les étapes impliquées dans la prise de décisions basées sur les données pour une amélioration continue :

Définir des objectifs clairs

Commencez par définir clairement vos objectifs et vos indicateurs de performance clés (KPI) en fonction de vos objectifs commerciaux. Ces objectifs doivent être spécifiques, mesurables, atteignables, pertinents et limités dans le temps (SMART). Des objectifs clairs fournissent un cadre pour l'analyse des données et l'évaluation des performances.

Recueillir des données pertinentes

Recueillez des données pertinentes à partir de diverses sources, telles que des outils d'analyse, des enquêtes auprès des clients, l'écoute des médias sociaux et des rapports de vente. Assurez-vous que les données collectées correspondent à vos objectifs définis et aident à répondre à des questions spécifiques sur vos efforts de marketing.

Analyser et interpréter les données

Analysez les données collectées pour identifier les modèles, les tendances et les informations. Utilisez des techniques de visualisation de données, telles que des tableaux, des graphiques et des tableaux de bord, pour faciliter l'interprétation et la communication des résultats. Recherchez les corrélations, les causes et les anomalies dans les données pour mieux comprendre les performances.

Comparez avec les points de repère

Comparez vos données aux références établies, aux normes de l'industrie ou aux performances passées pour évaluer les progrès et identifier les domaines à améliorer. L'analyse comparative aide à fournir un contexte et met en évidence les domaines dans lesquels vos efforts de marketing excellent ou échouent.

Identifier les opportunités et les défis

Utilisez les informations sur les données pour identifier les opportunités d'optimisation et les domaines où des défis existent. Identifiez les forces sur lesquelles capitaliser et les faiblesses qui doivent être améliorées. Déterminez où des modifications peuvent être apportées pour améliorer les performances et obtenir de meilleurs résultats.

Générer des hypothèses

Sur la base des informations sur les données et des opportunités identifiées, générez des hypothèses ou des suppositions sur les actions ou les changements potentiels qui pourraient conduire à une amélioration. Ces hypothèses doivent être basées sur des informations basées sur des données et correspondre à vos objectifs.

Tester et Expérimenter

Concevez des expériences ou des tests pour valider les hypothèses et recueillir des données supplémentaires. Cela peut impliquer des tests A/B de différentes stratégies de marketing, la modification d'éléments du site Web ou l'essai de nouveaux canaux publicitaires. Les expériences contrôlées vous permettent de mesurer l'impact de changements spécifiques et d'évaluer leur efficacité.

Surveiller et mesurer les résultats

Surveillez et mesurez en permanence les résultats de vos expériences ou modifications. Collectez des données sur les performances de différentes variantes ou approches pour évaluer leur impact sur les KPI définis. Cette mesure continue aide à valider l'efficacité de vos décisions et guide les ajustements ultérieurs.

Itérer et optimiser

Sur la base des résultats et des connaissances acquises, itérez et optimisez vos stratégies marketing. Prenez des décisions basées sur les données pour affiner vos approches, rejetez les tactiques inefficaces et priorisez les initiatives les plus performantes. Testez, mesurez et ajustez en continu pour favoriser l'amélioration continue.

Communiquer et aligner

Communiquez les informations et les résultats de l'analyse des données aux principales parties prenantes de votre organisation. Assurez-vous que les décideurs et les membres de l'équipe sont alignés sur l'approche axée sur les données et comprennent la justification des changements stratégiques. Encourager une culture de prise de décision basée sur les données dans toute l'organisation.

En suivant ces étapes, les entreprises peuvent exploiter la puissance des données pour prendre des décisions éclairées, optimiser leurs efforts de marketing et favoriser une amélioration continue. Adoptez un cycle de collecte de données, d'analyse, d'expérimentation et d'optimisation pour obtenir de meilleurs résultats au fil du temps. La prise de décision basée sur les données favorise une culture d'agilité, d'adaptabilité et d'innovation, conduisant à des stratégies marketing améliorées et à un succès à long terme.

CHAPITRE 11
Tendances émergentes et avenir du marketing numérique

Le chapitre 11 explore le monde passionnant des tendances émergentes et l'avenir du marketing numérique. Alors que la technologie continue d'évoluer et que les comportements des consommateurs changent, les entreprises doivent garder une longueur d'avance pour rester compétitives et réussir dans le paysage numérique.

Intelligence artificielle (IA) et apprentissage automatique

L'intelligence artificielle (IA) et l'apprentissage automatique révolutionnent le paysage du marketing numérique. Les outils et algorithmes basés sur l'IA permettent aux entreprises d'automatiser les tâches, d'analyser de grandes quantités de données et d'offrir des expériences personnalisées aux clients. Des chatbots et assistants virtuels aux analyses prédictives et aux moteurs de recommandation, l'IA et l'apprentissage automatique transforment la façon dont les entreprises interagissent avec leur public et optimisent leurs stratégies marketing.

Recherche vocale et haut-parleurs intelligents

L'essor de la recherche vocale et des haut-parleurs intelligents, tels qu'Amazon Echo ou Google Home, modifie la façon dont les consommateurs interagissent avec la technologie. Les assistants vocaux font désormais partie intégrante de la vie des gens, et les entreprises doivent adapter leurs stratégies de marketing numérique pour s'adapter à ce changement. L'optimisation du contenu pour la recherche vocale, le développement de la publicité basée sur la voix et la création d'expériences vocales transparentes sont des considérations clés pour l'avenir du marketing numérique.

Réalité augmentée (AR) et réalité virtuelle (VR)

La réalité augmentée (AR) et la réalité virtuelle (VR) offrent des expériences immersives qui comblent le fossé entre les mondes numérique et physique. Les technologies AR et VR sont de plus en plus utilisées dans le marketing numérique pour créer des campagnes interactives et engageantes. Des essais virtuels de produits à la narration immersive de la marque, la réalité augmentée et la réalité virtuelle ont le potentiel de captiver le public et de fournir des expériences de marque uniques.

Évolution du marketing d'influence

Le marketing d'influence continue d'évoluer à mesure que les entreprises et les consommateurs deviennent plus exigeants. L'authenticité, la transparence et les partenariats à long terme deviennent primordiaux dans les collaborations d'influenceurs. Les micro-influenceurs, avec leurs audiences de niche très engagées, gagnent en importance, et les entreprises se concentrent sur l'établissement de relations significatives avec des influenceurs qui s'alignent sur les valeurs de leur marque. À mesure que le marketing d'influence mûrit, les entreprises doivent adapter leurs stratégies pour garantir de véritables connexions et une valeur mutuelle.

Personnalisation et expérience client

La personnalisation et l'expérience client continueront d'être essentielles au succès du marketing numérique. Les clients attendent des expériences sur mesure qui répondent à leurs préférences et à leurs besoins. En exploitant les informations sur les données, les entreprises peuvent fournir un contenu personnalisé, des recommandations de produits et des messages ciblés. En comprenant leur public et en offrant des expériences client exceptionnelles sur tous les points de contact, les entreprises peuvent favoriser la fidélité, stimuler l'engagement et acquérir un avantage concurrentiel.

Confidentialité et protection des données

Les préoccupations en matière de confidentialité et les réglementations sur la protection des données remodèlent le paysage du marketing numérique. Les consommateurs sont de plus en plus conscients de leurs droits en matière de données et attendent de la transparence et de la sécurité des entreprises. Des réglementations plus strictes, telles que le Règlement général sur la protection des données (RGPD) et le California Consumer Privacy Act (CCPA), obligent les entreprises à gérer les données personnelles de manière responsable. Le respect des directives de confidentialité et l'adoption de pratiques de données transparentes seront essentiels pour maintenir la confiance et la conformité des consommateurs.

Approche mobile d'abord et applications Web progressives

Les appareils mobiles sont devenus la principale passerelle vers le monde numérique, et une approche axée sur le mobile est impérative pour un marketing numérique réussi. L'optimisation des sites Web et des applications pour les appareils mobiles, la création d'expériences utilisateur transparentes et l'adoption des technologies Progressive Web App (PWA) permettent aux entreprises d'engager efficacement les utilisateurs sur leurs appareils mobiles. Les paiements mobiles, le marketing basé sur la localisation et la publicité centrée sur le mobile continueront de façonner l'avenir du marketing numérique.

Prise de décision basée sur les données et analyse marketing

La prise de décision basée sur les données et l'analyse marketing resteront au cœur des stratégies de marketing numérique. À mesure que le volume de données augmente, les entreprises doivent exploiter les outils d'analyse et interpréter les données pour obtenir des informations exploitables. Des techniques d'analyse avancées, telles que l'analyse prédictive et la cartographie du parcours client, orienteront les stratégies marketing, optimiseront les campagnes et amélioreront l'expérience client.

En adoptant les tendances émergentes et en comprenant l'avenir du marketing numérique, les entreprises peuvent garder une longueur d'avance et capitaliser sur de nouvelles opportunités. S'adapter aux avancées technologiques, donner la priorité à la personnalisation et à l'expérience client, se conformer aux réglementations en matière de confidentialité et tirer parti des informations sur les données seront essentiels pour prospérer dans un paysage numérique en constante évolution.

Explorer les dernières tendances et technologies

Explorer les dernières tendances et technologies est essentiel pour que les entreprises restent compétitives et exploitent tout le potentiel du marketing numérique. Dans ce paysage en évolution rapide, se tenir au courant des dernières tendances et adopter les technologies émergentes peut donner aux entreprises un avantage significatif. Voici quelques-unes des dernières tendances et technologies qui façonnent le paysage du marketing numérique :

Chatbots et marketing conversationnel

Les chatbots alimentés par l'intelligence artificielle (IA) transforment les interactions avec les clients. Ils fournissent des réponses instantanées, des recommandations personnalisées et un support client efficace. Le marketing conversationnel, via des chatbots ou des applications de messagerie, permet aux entreprises de dialoguer avec les clients en temps réel, de proposer des expériences personnalisées et de générer des conversions.

Marketing vidéo et diffusion en direct

Le contenu vidéo continue de dominer les plateformes numériques, avec la montée en puissance de plateformes comme YouTube, TikTok et Instagram Reels. Les entreprises utilisent le marketing vidéo pour raconter des histoires captivantes, présenter des produits et engager le public. La diffusion en direct a également gagné en popularité, permettant aux entreprises de se connecter avec leur public en temps réel, d'organiser des événements en direct et de proposer des expériences interactives.

Contenu généré par l'utilisateur (UGC)

Le contenu généré par les utilisateurs est devenu un puissant outil de marketing. Encourager les clients à créer et à partager du contenu lié à une marque ou à un produit renforce l'authenticité, la confiance et la preuve sociale. Les campagnes UGC, telles que les hashtags ou les concours, stimulent l'engagement, élargissent la portée de la marque et favorisent un sentiment de communauté.

Évolution du marketing d'influence

Le marketing d'influence continue d'évoluer, avec une évolution vers des partenariats à long terme et des collaborations de marque authentiques. Les micro-influenceurs, avec leurs audiences de niche et leurs taux d'engagement plus élevés, gagnent en importance. Les marques se concentrent sur de véritables relations, s'alignent sur des influenceurs qui partagent leurs valeurs et co-créent du contenu significatif.

Personnalisation et Hyper-ciblage

Les clients attendent des expériences personnalisées et l'hyper-ciblage permet aux entreprises de fournir un contenu pertinent à des publics spécifiques. En utilisant des informations sur les données, les entreprises peuvent segmenter leur public, fournir des recommandations personnalisées et adapter les messages en fonction des préférences et des comportements individuels.

Optimisation de la recherche vocale

La prévalence croissante des assistants à commande vocale, tels qu'Amazon Alexa et Google Assistant, a entraîné la croissance de la recherche vocale. L'optimisation du contenu pour les requêtes de recherche vocale et la compréhension du traitement du langage naturel sont essentielles pour que les entreprises apparaissent dans les résultats de recherche vocale et offrent des expériences vocales.

Réalité augmentée (AR) et réalité virtuelle (VR)

Les technologies AR et VR transforment les expériences numériques. Les marques utilisent la réalité augmentée pour les essais virtuels, les visualisations de produits et la narration immersive de la marque. La réalité virtuelle est utilisée pour les visites virtuelles, les événements et les expériences interactives. Ces technologies renforcent l'engagement, offrent des expériences de marque uniques et comblent le fossé entre les mondes physique et numérique.

Commerce social

Les plates-formes de médias sociaux évoluent en centres de commerce électronique, permettant aux entreprises de vendre des produits directement dans les applications de médias sociaux. Les fonctionnalités de commerce social, telles que les publications achetables et le paiement intégré à l'application, rationalisent le processus d'achat, augmentent les conversions et offrent une expérience d'achat transparente.

Confidentialité et sécurité des données

Avec des préoccupations croissantes concernant la confidentialité des données, les entreprises doivent accorder la priorité à la sécurité et à l'utilisation éthique des données clients. Le respect des réglementations sur la protection des données, l'obtention du consentement et la mise en œuvre de mesures de sécurité solides sont essentiels pour maintenir la confiance des clients et se conformer aux exigences légales.

Intelligence artificielle (IA) pour l'automatisation et la personnalisation

Les outils et algorithmes alimentés par l'IA automatisent les processus, analysent les données et permettent la personnalisation à grande échelle. L'IA peut automatiser les campagnes par e-mail, personnaliser les recommandations de contenu et optimiser le ciblage des publicités, en améliorant l'efficacité et en offrant des expériences personnalisées aux clients.

L'exploration de ces dernières tendances et technologies permet aux entreprises d'identifier les opportunités, d'engager efficacement les clients et de stimuler l'innovation dans leurs stratégies de marketing numérique. En adoptant ces tendances et en tirant parti des technologies émergentes, les entreprises peuvent garder une longueur d'avance et prospérer dans le paysage numérique en constante évolution.

Se préparer aux changements futurs dans le paysage du marketing numérique

Se préparer aux futurs changements dans le paysage du marketing numérique est crucial pour garantir que les entreprises restent agiles, adaptables et compétitives. À mesure que la technologie progresse, que les comportements des consommateurs changent et que la dynamique du marché évolue, il est essentiel d'anticiper et de réagir de manière proactive à ces changements. Voici quelques stratégies pour se préparer aux futurs changements dans le paysage du marketing numérique :

Restez informé et participez à l'apprentissage continu

Rechercher activement des connaissances sur les tendances émergentes, les technologies et les perspectives de l'industrie. Tenez-vous au courant des dernières nouvelles, assistez à des conférences de l'industrie, participez à des webinaires et dialoguez avec des leaders d'opinion. Adoptez un état d'esprit d'apprentissage continu pour garder une longueur d'avance et identifier les changements futurs dans le paysage du marketing numérique.

Favoriser une culture innovante

Encouragez un environnement qui favorise l'innovation et l'expérimentation au sein de votre organisation. Favorisez une culture qui embrasse le changement, accueille les nouvelles idées et encourage les membres de l'équipe à explorer des stratégies innovantes. Encouragez la collaboration entre les départements pour générer de nouvelles perspectives et stimuler l'innovation.

Adoptez la prise de décision basée sur les données

Investissez dans des outils d'analyse robustes, développez des capacités basées sur les données et établissez des processus de collecte, d'analyse et d'interprétation des données. Tirez parti des informations sur les données pour prendre des décisions éclairées, identifier les tendances et découvrir des opportunités. Adoptez une culture de prise de décision basée sur les données pour optimiser les stratégies marketing et obtenir de meilleurs résultats.

Mettre l'accent sur l'orientation client

Placez le client au centre de vos efforts de marketing numérique. Investissez dans la compréhension des besoins, des préférences et des comportements des clients grâce à des études de marché, des enquêtes et des commentaires des clients. Anticipez les attentes des clients et alignez vos stratégies pour offrir des expériences client exceptionnelles sur tous les points de contact.

Développer une approche marketing agile

Adoptez une approche marketing agile qui vous permet de réagir rapidement aux évolutions du marché et d'adapter vos stratégies en conséquence. Adoptez une planification itérative, des tests fréquents et la possibilité de pivoter en fonction des données et des commentaires des clients. Mettez l'accent sur la flexibilité et l'agilité dans vos opérations marketing.

Tirez parti de l'automatisation et de l'intelligence artificielle (IA)

Explorez le potentiel des technologies d'automatisation et d'intelligence artificielle pour rationaliser les processus marketing, améliorer l'efficacité et offrir des expériences personnalisées à grande échelle. Automatisez les tâches répétitives, exploitez les algorithmes d'IA pour l'analyse des données et déployez des chatbots alimentés par l'IA pour les interactions avec les clients. Restez informé des nouvelles solutions d'automatisation et d'IA qui peuvent bénéficier à vos efforts de marketing.

Construire des partenariats solides

Favorisez des partenariats stratégiques avec des fournisseurs de technologies, des agences et des experts du secteur qui peuvent vous aider à naviguer dans les changements futurs du paysage du marketing numérique. Collaborez avec des partenaires qui apportent une expertise spécialisée et des solutions innovantes pour rester à la pointe des tendances et technologies émergentes.

Anticiper les évolutions réglementaires

Restez informé de l'évolution des réglementations en matière de confidentialité des données et assurez-vous du respect des lois applicables. Anticipez les modifications potentielles des réglementations en matière de protection des données et de confidentialité qui pourraient avoir un impact sur vos stratégies marketing. Adoptez des pratiques de données transparentes et donnez la priorité à la confidentialité des consommateurs pour maintenir la confiance et établir des relations à long terme avec les clients.

Surveiller les concurrents et les tendances de l'industrie

Surveillez de près les activités de vos concurrents et les tendances de l'industrie. Surveillez leurs stratégies de marketing numérique, leurs nouvelles initiatives et leurs approches d'engagement client. Apprenez de leurs succès et de leurs échecs, adaptez des stratégies en fonction de la dynamique du marché et différenciez votre marque pour garder une longueur d'avance sur la concurrence.

Favoriser une infrastructure numérique agile

Assurez-vous que votre infrastructure numérique est évolutive, adaptable et capable de s'adapter aux futures avancées technologiques. Investissez dans des systèmes de gestion de contenu robustes, des solutions d'hébergement évolutives et des cadres technologiques flexibles qui peuvent prendre en charge l'intégration de nouveaux outils et plates-formes.

En se préparant aux changements futurs du paysage du marketing numérique, les entreprises peuvent se positionner pour réussir dans un environnement en constante évolution. En restant informées, en adoptant l'innovation, en exploitant les données et en se concentrant sur l'orientation client, les entreprises peuvent s'adapter de manière proactive aux tendances et technologies émergentes, ce qui leur permet de prospérer sur le marché numérique.

Exploiter la puissance de l'intelligence artificielle et de l'automatisation

Exploiter la puissance de l'intelligence artificielle (IA) et de l'automatisation est devenu de plus en plus important dans le paysage du marketing numérique. Les technologies d'IA et d'automatisation offrent aux entreprises la possibilité de rationaliser les processus, d'optimiser les campagnes et de proposer des expériences personnalisées à grande échelle. Voici comment les entreprises peuvent tirer parti de l'IA et de l'automatisation dans leurs stratégies de marketing numérique :

Analyse des données et aperçus

Les outils alimentés par l'IA peuvent analyser de grandes quantités de données et extraire des informations précieuses. Les algorithmes d'apprentissage automatique peuvent identifier des modèles, des tendances et des corrélations au sein d'ensembles de données, permettant aux entreprises de prendre des décisions basées sur les données. En tirant parti de l'IA pour l'analyse des données, les entreprises peuvent découvrir des informations exploitables qui orientent les stratégies marketing et optimisent les performances des campagnes.

Personnalisation à grande échelle

L'IA et l'automatisation permettent aux entreprises de proposer des expériences personnalisées à leurs clients à grande échelle. En exploitant les données des clients, les algorithmes d'IA peuvent segmenter les audiences, créer des profils de clients et fournir des messages et des recommandations ciblés. La personnalisation améliore l'engagement client, augmente les conversions et favorise la fidélité à long terme.

Chatbots et assistants virtuels

Les chatbots et les assistants virtuels alimentés par l'IA améliorent les interactions avec les clients et fournissent une assistance en temps réel. Ces systèmes de chat intelligents peuvent gérer les requêtes des clients, aider aux recommandations de produits et fournir une assistance personnalisée. Les chatbots aident les entreprises à fournir des réponses instantanées, à améliorer la satisfaction client et à libérer des ressources humaines pour des tâches plus complexes.

Automatisation du marketing

Les plateformes d'automatisation du marketing permettent aux entreprises d'automatiser les tâches et les flux de travail marketing répétitifs. Des campagnes par e-mail à la planification des réseaux sociaux, l'automatisation rationalise les processus, fait gagner du temps et garantit une messagerie cohérente sur tous les canaux. Les entreprises peuvent créer des parcours clients personnalisés, entretenir des prospects et déclencher des communications pertinentes en fonction du comportement des utilisateurs.

Analyses prédictives

L'analyse prédictive basée sur l'IA aide les entreprises à anticiper le comportement, les tendances et les résultats des clients. En analysant les données historiques, les modèles prédictifs peuvent prévoir les futures préférences des clients, identifier les prospects de grande valeur et optimiser les stratégies marketing. L'analyse prédictive permet aux entreprises de prendre des décisions proactives et de prendre des mesures stratégiques pour de meilleurs résultats.

Création et conservation de contenu

La technologie de l'IA peut aider à la création et à la conservation de contenu. Les algorithmes de traitement du langage naturel (NLP) peuvent générer du contenu écrit, automatiser les publications sur les réseaux sociaux et personnaliser les recommandations de contenu en fonction des préférences de l'utilisateur. Les outils d'IA peuvent également organiser du contenu pertinent à partir de diverses sources, ce qui permet d'économiser du temps et des efforts dans la découverte de contenu.

Optimisation des annonces

Les algorithmes alimentés par l'IA peuvent optimiser les campagnes publicitaires numériques en temps réel. Ces algorithmes analysent le comportement des utilisateurs, les performances des campagnes et les tendances du marché pour ajuster les stratégies d'enchères, cibler des segments d'audience spécifiques et allouer les dépenses publicitaires plus efficacement. L'optimisation des publicités basée sur l'IA maximise le retour sur investissement et améliore la précision du ciblage des publicités.

Recherche vocale et SEO

Les technologies d'intelligence artificielle jouent un rôle important dans l'optimisation de la recherche vocale. Le traitement du langage naturel permet aux moteurs de recherche de mieux comprendre les requêtes vocales, et les entreprises peuvent tirer parti de l'IA pour optimiser le contenu de leur site Web pour la recherche vocale. En intégrant des stratégies de recherche vocale dans leurs efforts de référencement, les entreprises peuvent capturer le trafic de recherche vocale et améliorer leur visibilité.

Gestion des médias sociaux

Les outils d'intelligence artificielle aident à la gestion des médias sociaux en analysant les performances du contenu, en suggérant des heures de publication optimales et en automatisant les réponses des médias sociaux. Les algorithmes d'IA peuvent également identifier les sujets tendance, l'analyse des sentiments et l'analyse des concurrents, fournissant des informations pour optimiser les stratégies de médias sociaux.

Analyse des informations et des sentiments des clients

Les outils d'analyse des sentiments basés sur l'IA aident les entreprises à surveiller les conversations sur les réseaux sociaux, les avis des clients et les mentions en ligne. En analysant le sentiment, les entreprises obtiennent des informations sur la perception des clients, les commentaires et la réputation de la marque. Les outils d'IA permettent aux entreprises d'identifier les tendances émergentes, de répondre rapidement aux préoccupations des clients et de s'engager de manière proactive avec leur public.

En exploitant la puissance de l'IA et de l'automatisation, les entreprises peuvent rationaliser les processus, obtenir des informations précieuses, améliorer la personnalisation et optimiser leurs stratégies de marketing numérique. L'adoption de ces technologies permet aux entreprises d'offrir des expériences client exceptionnelles, d'obtenir de meilleurs résultats et de rester compétitives dans un paysage numérique en constante évolution.

CHAPITRE 12
Créer un plan de marketing numérique exploitable

Le chapitre 12 se concentre sur la création d'un plan de marketing numérique exploitable qui s'aligne sur les objectifs commerciaux et permet aux entreprises d'atteindre efficacement leurs objectifs marketing. Un plan de marketing numérique bien structuré et complet fournit une feuille de route pour mettre en œuvre des stratégies, allouer des ressources et mesurer le succès. Voici comment les entreprises peuvent créer un plan de marketing numérique exploitable :

Définir les objectifs et les résultats clés (OKR)

Commencez par définir clairement vos objectifs marketing et vos résultats clés. Ces objectifs doivent être spécifiques, mesurables, atteignables, pertinents et limités dans le temps (SMART). Alignez vos objectifs sur vos objectifs commerciaux globaux pour vous assurer que vos efforts de marketing numérique contribuent à la stratégie organisationnelle plus large. Établissez des mesures clés pour suivre les progrès et mesurer le succès.

Mener des études de marché et des analyses de clientèle

Effectuez des études de marché approfondies pour comprendre votre marché cible, les tendances du secteur et le paysage concurrentiel. Analysez le comportement, les préférences et les points faibles des clients pour adapter vos stratégies marketing en conséquence. Identifiez les opportunités de marché, les tendances émergentes et les défis potentiels qui peuvent avoir un impact sur votre plan de marketing numérique. Une compréhension approfondie de votre public cible éclairera votre message, vos canaux et vos tactiques.

Développer des personas d'acheteurs ciblés

Créez des buyer personas détaillés qui représentent vos clients idéaux. Ces personnages sont des représentations fictives de votre public cible, y compris des informations démographiques, des motivations, des défis et des canaux de communication préférés. Le développement de personnalités d'acheteurs vous aide à comprendre les besoins de vos clients, à personnaliser vos messages marketing et à vous engager plus efficacement avec eux.

Déterminer les canaux et les tactiques de marketing numérique

Sur la base de vos études de marché et de vos personnalités d'acheteurs, identifiez les canaux et les tactiques de marketing numérique les plus pertinents pour votre public cible. Envisagez des canaux tels que le marketing des moteurs de recherche, le marketing des médias sociaux, le marketing par e-mail, le marketing de contenu et les partenariats d'influence. Sélectionnez les canaux et les tactiques qui correspondent à vos objectifs, résonnent avec votre public et offrent les meilleures opportunités pour atteindre et engager votre marché cible.

Définir le budget et allouer les ressources

Déterminez votre budget de marketing numérique et allouez les ressources en conséquence. Tenez compte des coûts associés aux différents canaux, outils, campagnes publicitaires, création de contenu et personnel. Allouez les ressources en fonction des canaux et des tactiques les plus efficaces pour atteindre votre public cible et obtenir les résultats souhaités. Surveillez et ajustez en permanence votre allocation budgétaire selon les besoins en fonction des performances et du retour sur investissement (ROI).

Développer une stratégie de contenu et un calendrier éditorial

Créez une stratégie de contenu qui s'aligne sur vos objectifs, votre public cible et vos canaux numériques. Déterminez les types de contenu qui résonneront auprès de votre public, tels que les articles de blog, les vidéos, les infographies ou les podcasts. Élaborez un calendrier éditorial qui décrit la création de contenu, les dates de publication et la distribution sur divers canaux. Assurez-vous que votre contenu est précieux, engageant et optimisé pour les moteurs de recherche afin de générer du trafic organique et de l'engagement du public.

Mettre en œuvre des stratégies d'optimisation des conversions

Concentrez-vous sur l'optimisation de vos actifs numériques et de vos entonnoirs de conversion pour maximiser les conversions. Mettez en œuvre des stratégies telles que les tests A/B, l'optimisation du site Web, l'optimisation des pages de destination et l'optimisation des appels à l'action. Analysez et affinez en permanence votre processus de conversion pour améliorer l'expérience utilisateur, réduire les frictions et augmenter les taux de conversion.

Établir des indicateurs de performance clés (KPI) et un plan de mesure

Définissez des indicateurs de performance clés (KPI) qui correspondent à vos objectifs et suivez le succès de vos efforts de marketing numérique. Les mesures peuvent inclure le trafic sur le site Web, les taux de conversion, les mesures d'engagement, les coûts d'acquisition de clients ou le retour sur les dépenses publicitaires. Élaborez un plan de mesure qui décrit comment vous collecterez, analyserez et rapporterez ces mesures. Utilisez des outils d'analyse et des tableaux de bord de reporting pour surveiller et suivre régulièrement vos performances.

Évaluer et ajuster régulièrement

Évaluez régulièrement les performances de vos efforts de marketing numérique par rapport à vos KPI définis. Analysez les données, examinez les informations et mesurez les résultats pour identifier les domaines de réussite et les domaines à améliorer. Adaptez et ajustez en permanence vos stratégies en fonction des informations basées sur les données, des évolutions du marché et des commentaires des clients. Adoptez une approche itérative, testez de nouvelles tactiques et optimisez vos campagnes pour favoriser une amélioration continue.

Surveiller les tendances de l'industrie et les technologies émergentes

Restez au courant des tendances de l'industrie, des technologies émergentes et des changements de comportement des consommateurs. Surveillez en permanence les changements dans les plateformes de marketing numérique, les algorithmes, les réglementations et les préférences des clients. Intégrez les nouvelles tendances et technologies qui correspondent à vos objectifs et ont le potentiel d'améliorer vos efforts de marketing numérique.

En suivant ces étapes et en créant un plan de marketing numérique exploitable, les entreprises peuvent exécuter de manière stratégique leurs initiatives de marketing, allouer efficacement les ressources et mesurer le succès de leurs efforts. Un plan bien conçu fournit des conseils et une orientation, garantissant que les entreprises sont équipées pour naviguer dans le paysage dynamique du marketing numérique et atteindre leurs objectifs marketing.

Rassembler tous les éléments dans un plan cohérent

Rassembler tous les éléments dans un plan cohérent est la dernière étape de la création d'une stratégie de marketing numérique complète et exploitable. Ce processus implique l'intégration des différents composants, leur alignement sur les objectifs commerciaux et la création d'une feuille de route pour la mise en œuvre. Voici comment les entreprises peuvent rassembler tous les éléments dans un plan cohérent :

Commencez par un résumé clair

Résumez les éléments clés du plan de marketing numérique dans un résumé analytique. Donnez un aperçu des objectifs, du public cible, des canaux sélectionnés et des résultats attendus. Ce résumé doit communiquer de manière concise l'essence du plan aux parties prenantes et aux décideurs.

Décrire la stratégie

Présenter un aperçu détaillé de la stratégie de marketing numérique. Incluez des sections sur les études de marché, les personnalités des acheteurs, les canaux et tactiques sélectionnés, la stratégie de contenu, l'optimisation de la conversion et le plan de mesure. Chaque section doit fournir des objectifs clairs, des étapes réalisables et les résultats attendus.

Définir les rôles et les responsabilités

Définir clairement les rôles et les responsabilités des membres de l'équipe impliqués dans l'exécution du plan de marketing numérique. Attribuez des tâches et établissez des responsabilités pour assurer une mise en œuvre efficace. Décrivez les ressources nécessaires, y compris l'allocation budgétaire et les exigences technologiques.

Établir une chronologie

Élaborez un calendrier qui décrit les étapes clés, les livrables et les délais pour chaque phase du plan de marketing numérique. Ce calendrier garantit que le plan est exécuté en temps opportun et permet de suivre les progrès tout au long du processus de mise en œuvre.

Intégrer au plan marketing global

Alignez le plan de marketing numérique sur la stratégie marketing plus large et les objectifs commerciaux globaux. Veiller à ce que les efforts de marketing numérique complètent et soutiennent d'autres initiatives de marketing. Cette intégration favorise la cohérence des messages, maximise l'impact et améliore l'efficacité globale des efforts de marketing.

Surveiller et évaluer

Établir un système de suivi et d'évaluation continus du plan de marketing numérique. Examinez régulièrement les indicateurs de performance clés (KPI) et évaluez l'efficacité des différentes tactiques et canaux. Identifiez les domaines de réussite et les domaines qui nécessitent un ajustement ou une optimisation. Prenez des décisions basées sur les données pour affiner le plan et favoriser l'amélioration continue.

Communiquer et collaborer

Favoriser une communication et une collaboration ouvertes entre les membres de l'équipe impliqués dans l'exécution du plan de marketing numérique. Partagez régulièrement des mises à jour sur les progrès, des idées et des résultats. Encouragez les commentaires, les séances de remue-méninges et le partage des connaissances pour tirer parti de l'expertise collective de l'équipe.

Restez agile et adaptez-vous

Reconnaître que le paysage du marketing numérique est dynamique et sujet à changement. Restez informé des tendances émergentes, des technologies et des changements de comportement des consommateurs. Adoptez un état d'esprit agile, permettant la flexibilité et l'adaptation au besoin. Affiner et optimiser en permanence le plan pour tirer parti de nouvelles opportunités et relever les défis en constante évolution.

En rassemblant tous les éléments dans un plan cohérent, les entreprises peuvent exécuter efficacement leurs stratégies de marketing numérique, les aligner sur les objectifs commerciaux et favoriser le succès dans un paysage numérique en constante évolution. Le plan cohérent fournit une feuille de route pour la mise en œuvre, facilite la communication et la collaboration et permet une surveillance et une optimisation continues pour atteindre les résultats souhaités.

Budgétisation et allocation des ressources

La budgétisation et l'allocation des ressources sont des éléments essentiels d'un plan de marketing numérique réussi. Une allocation appropriée des ressources garantit que les initiatives de marketing sont exécutées efficacement et s'alignent sur la stratégie commerciale globale. Voici comment les entreprises peuvent aborder la budgétisation et l'allocation des ressources pour leurs efforts de marketing numérique :

Définir les objectifs budgétaires

Commencez par définir des objectifs budgétaires clairs qui correspondent à vos objectifs commerciaux globaux. Tenez compte des résultats souhaités de votre plan de marketing numérique, tels que l'augmentation de la notoriété de la marque, la génération de trafic sur le site Web, la génération de prospects ou l'augmentation des ventes. Ces objectifs guideront vos décisions d'allocation budgétaire.

Évaluer les ressources disponibles

Évaluez les ressources disponibles pour le marketing numérique, y compris le personnel, la technologie et les ressources financières. Tenez compte de l'expertise et des compétences des membres de votre équipe, des outils et plateformes marketing existants et de la capacité financière de votre entreprise. L'évaluation des ressources disponibles permet de déterminer la portée et l'ampleur de vos initiatives de marketing numérique.

Prioriser les canaux et les tactiques de marketing

En fonction de votre public cible, de vos études de marché et de vos objectifs commerciaux, hiérarchisez les canaux et les tactiques de marketing numérique qui donneront les meilleurs résultats. Allouez une partie de votre budget à chaque canal ou tactique sélectionné, en tenant compte de leur portée potentielle, de leur efficacité et de leur coût.

Considérez les coûts fixes et variables

Différenciez les coûts fixes et variables dans votre budget de marketing numérique. Les coûts fixes sont des dépenses courantes, telles que les abonnements aux logiciels ou les salaires, tandis que les coûts variables dépendent des besoins spécifiques à la campagne, tels que les dépenses publicitaires ou les coûts de création de contenu. L'allocation de ressources aux coûts fixes et variables aidera à gérer et à suivre les dépenses plus efficacement.

Tester et optimiser

Envisagez d'allouer une partie de votre budget aux tests et à l'expérimentation. Cela vous permet d'essayer de nouvelles stratégies, canaux ou tactiques à plus petite échelle et d'évaluer leur efficacité avant de passer à l'échelle supérieure. Les tests permettent d'optimiser votre allocation budgétaire en concentrant les ressources sur les approches les plus efficaces.

Compte pour les cycles de vie des campagnes

Tenez compte du cycle de vie de vos campagnes de marketing numérique lors de l'allocation des ressources. Certaines campagnes peuvent nécessiter plus de ressources lors de la phase de lancement initiale, tandis que d'autres peuvent nécessiter une maintenance et une optimisation continues. Allouez les ressources en conséquence pour assurer un support continu tout au long du cycle de vie de la campagne.

Surveiller et ajuster

Surveillez régulièrement les performances de vos initiatives de marketing numérique et suivez le retour sur investissement (ROI) de chaque canal et tactique. Utilisez des outils d'analyse et de reporting pour mesurer les indicateurs de performance clés (KPI) et évaluer l'efficacité de votre allocation budgétaire. En fonction des informations recueillies, ajustez votre allocation de ressources pour optimiser vos efforts de marketing.

Explorer les partenariats et l'externalisation

Envisagez de vous associer à des agences externes, des indépendants ou des consultants pour tirer parti de l'expertise spécialisée et optimiser l'allocation des ressources. L'externalisation de certaines tâches ou de certains projets peut permettre de réaliser des économies et d'accéder à un plus large éventail de compétences et de capacités, permettant à votre équipe de se concentrer sur les compétences de base.

Suivez le rythme des tendances de l'industrie

Restez informé de l'évolution des tendances de l'industrie, des technologies émergentes et des changements dans les plateformes de marketing numérique. Allouez des ressources à la recherche et à la formation pour vous assurer que votre équipe reste à jour avec les derniers développements. Investir dans l'apprentissage et le développement garantit que vos ressources sont bien équipées pour exécuter des stratégies de marketing numérique efficaces.

Évaluer en continu le retour sur investissement

Évaluez régulièrement le retour sur investissement de vos initiatives de marketing numérique. Évaluez l'impact de vos ressources allouées sur la réalisation de vos objectifs marketing. En analysant le retour sur investissement, vous pouvez prendre des décisions basées sur les données pour optimiser votre allocation budgétaire et allouer des ressources aux canaux et aux tactiques qui offrent le retour sur investissement le plus élevé.

Une budgétisation et une allocation des ressources efficaces sont essentielles pour maximiser l'impact de vos efforts de marketing numérique. En alignant les ressources sur les objectifs, en surveillant les performances et en effectuant des ajustements basés sur les données, les entreprises peuvent optimiser leur allocation budgétaire, obtenir de meilleurs résultats et atteindre efficacement leurs objectifs marketing.

Surveillance, test et optimisation des stratégies

Les stratégies de surveillance, de test et d'optimisation sont des éléments essentiels d'un plan de marketing numérique réussi. En évaluant en permanence les performances de vos initiatives marketing, en testant de nouvelles approches et en optimisant vos stratégies, vous pouvez améliorer les résultats et maximiser le retour sur investissement. Voici comment les entreprises peuvent aborder la surveillance, le test et l'optimisation de leurs stratégies de marketing numérique :

Établir des indicateurs de performance clés (KPI)

Définissez des KPI clairs et mesurables qui correspondent à vos objectifs. Ces KPI peuvent inclure le trafic sur le site Web, les taux de conversion, les mesures d'engagement, les coûts d'acquisition de clients ou les revenus générés. L'établissement d'indicateurs de performance clés fournit une référence pour évaluer le succès de vos stratégies et identifier les domaines à améliorer.

Utiliser les outils d'analyse

Mettez en œuvre des outils d'analyse robustes, tels que Google Analytics, pour suivre et analyser les performances de vos efforts de marketing numérique. Ces outils fournissent des informations précieuses sur le comportement des utilisateurs, les sources de trafic, les entonnoirs de conversion et les performances des campagnes. Examinez régulièrement vos données d'analyse pour comprendre les tendances, identifier les forces et les faiblesses et prendre des décisions basées sur les données.

Effectuer des tests A/B

Les tests A/B, également appelés tests fractionnés, consistent à comparer deux versions d'une page Web, d'une publicité ou d'un e-mail pour déterminer laquelle est la plus performante. Testez différents éléments, tels que les titres, les incitations à l'action, les visuels ou les mises en page de la page de destination. Analysez les résultats pour identifier les variantes gagnantes et optimiser vos ressources marketing en fonction des préférences des utilisateurs.

Surveiller les performances de l'entonnoir de conversion

Évaluez l'efficacité de vos entonnoirs de conversion en suivant les parcours des utilisateurs et en identifiant les zones d'abandon ou de friction. Utilisez les données d'analyse pour identifier où les utilisateurs abandonnent l'entonnoir et implémentez des optimisations pour améliorer les taux de conversion. Rationalisez l'expérience utilisateur, simplifiez les formulaires et fournissez des appels à l'action clairs pour améliorer les taux de conversion.

Recueillir et agir sur les commentaires des clients

Recherchez activement les commentaires des clients par le biais d'enquêtes, d'écoutes sur les réseaux sociaux ou d'interactions avec le support client. Faites attention aux préférences des clients, aux points faibles et aux suggestions d'amélioration. Tirez parti de ces commentaires pour affiner vos stratégies, répondre aux préoccupations des clients et améliorer l'expérience client globale.

Suivez le rythme des tendances de l'industrie

Restez informé des dernières tendances du secteur, des technologies émergentes et des changements de comportement des consommateurs. Évaluez régulièrement l'impact potentiel de ces tendances sur votre public cible et vos stratégies marketing. Expérimentez de nouveaux canaux, tactiques ou technologies qui correspondent à vos objectifs et ont le potentiel de générer de meilleurs résultats.

Optimiser le contenu pour les moteurs de recherche

Optimisez en permanence le contenu de votre site Web pour les moteurs de recherche afin d'améliorer la visibilité organique et de générer du trafic. Effectuez des recherches de mots clés, optimisez les balises méta, améliorez les temps de chargement du site Web et améliorez la convivialité pour les mobiles. Surveillez les classements des moteurs de recherche et ajustez vos stratégies d'optimisation pour rester compétitif et améliorer votre visibilité.

Tirez parti du reciblage et du remarketing

Mettez en place des campagnes de reciblage et de remarketing pour réengager les utilisateurs qui ont manifesté de l'intérêt pour vos produits ou services. Ciblez les utilisateurs qui ont visité votre site Web, abandonné leur panier ou interagi avec un contenu spécifique. Utilisez des messages et des offres sur mesure pour encourager les conversions et fidéliser vos clients.

Adoptez des pratiques de marketing agiles

Adoptez une approche marketing agile qui permet une flexibilité et des ajustements rapides. Évaluez en permanence les performances de vos campagnes, adaptez vos stratégies en fonction des données et hiérarchisez les initiatives qui donnent les meilleurs résultats. Les pratiques agiles vous permettent de réagir rapidement aux changements du marché, aux commentaires des clients et aux opportunités émergentes.

Apprentissage continu et amélioration

Favorisez une culture d'apprentissage et d'amélioration continue au sein de votre équipe marketing. Encouragez le partage des connaissances, assistez aux événements de l'industrie, participez à des webinaires et restez informé des dernières pratiques de marketing numérique. Investissez dans la formation et le développement professionnel pour vous assurer que votre équipe reste compétente et adaptable dans un environnement en constante évolution.

En surveillant, testant et optimisant vos stratégies de marketing numérique, vous pouvez identifier les domaines à améliorer, améliorer l'expérience client et obtenir de meilleurs résultats. Le processus itératif de test et d'optimisation vous permet d'affiner vos approches, de découvrir de nouvelles opportunités et de garder une longueur d'avance sur la concurrence dans le paysage dynamique du marketing numérique.

En conclusion, une stratégie de marketing numérique bien conçue et complète est essentielle pour que les entreprises prospèrent dans le paysage concurrentiel d'aujourd'hui. En exploitant la puissance du marketing numérique, les entreprises peuvent atteindre et engager efficacement leur public cible, accroître la notoriété de leur marque et atteindre leurs objectifs marketing. Tout au long de ce livre, nous avons exploré divers aspects du marketing numérique, en partant de la compréhension du paysage du marketing numérique et de son évolution jusqu'à l'importance de fixer des objectifs, d'élaborer des stratégies efficaces et de tirer parti des principaux canaux de marketing numérique.

- Nous avons approfondi l'importance de l'optimisation du site Web, de l'expérience utilisateur, du marketing de contenu, du marketing des médias sociaux, du marketing des moteurs de recherche, du marketing par e-mail, des partenariats d'influence, de l'analyse et des tendances émergentes qui façonnent l'avenir du marketing numérique. Chaque chapitre a fourni des informations précieuses, des conseils pratiques et des stratégies exploitables pour aider les entreprises à naviguer dans le paysage numérique et à stimuler la croissance.

- Nous avons souligné l'importance de rester informé des tendances de l'industrie, de tirer parti de la puissance de l'intelligence artificielle et de l'automatisation, et de surveiller, tester et optimiser en permanence les stratégies de marketing numérique. En alignant ces éléments dans un plan de marketing numérique cohérent, les entreprises peuvent efficacement allouer des ressources, suivre les performances, s'adapter aux changements et obtenir les résultats souhaités.

- Le paysage du marketing numérique est en constante évolution, présentant à la fois des opportunités et des défis.

Cela oblige les entreprises à rester agiles, à adopter l'innovation et à adopter une approche centrée sur le client. En analysant constamment les données, en surveillant le comportement des consommateurs et en tirant parti des technologies émergentes, les entreprises peuvent garder une longueur d'avance et offrir des expériences exceptionnelles à leur public cible.

- En fin de compte, le succès du marketing numérique réside dans une combinaison de créativité, de réflexion stratégique, de prise de décision basée sur les données et d'adaptabilité. En mettant en œuvre les principes et les stratégies décrits dans ce livre, les entreprises peuvent se positionner pour réussir, se connecter avec leurs clients de manière significative et atteindre une croissance durable à l'ère numérique.

- Alors que le paysage du marketing numérique continue d'évoluer, il est crucial pour les entreprises de rester informées, de s'adapter aux changements et d'adopter les technologies et tendances émergentes. Ce faisant, les entreprises peuvent se positionner pour réussir et générer des résultats percutants dans un paysage numérique en constante évolution.

Conclusion

Dans le dernier chapitre, nous rassemblons les principales conclusions et idées de chaque chapitre, soulignant l'importance de l'apprentissage continu et de la flexibilité dans le domaine en constante évolution du marketing numérique. Tout au long de ce livre, nous avons exploré diverses facettes du marketing numérique et démontré son immense capacité à révolutionner les entreprises, à propulser la croissance et à faciliter le triomphe à long terme. En adoptant les connaissances et les suggestions présentées dans ces pages, les lecteurs acquerront les outils nécessaires pour naviguer dans les subtilités complexes de l'arène du marketing numérique et exploiter son potentiel à leur propre avantage.

L'un des messages fondamentaux véhiculés tout au long de ce livre est l'importance de l'adaptabilité face aux avancées technologiques rapides et à l'évolution des comportements des consommateurs. Le paysage numérique est caractérisé par des changements constants, et les spécialistes du marketing qui réussissent doivent être prêts à adopter l'innovation et à affiner continuellement leurs stratégies. Ce livre a servi de guide pour comprendre la dynamique de cet environnement en constante évolution, fournissant aux lecteurs les informations nécessaires pour adapter leurs approches marketing et garder une longueur d'avance sur la concurrence.

De plus, nous avons exploré une multitude de techniques et de tactiques de marketing numérique, mettant en lumière leur pouvoir de transformation lorsqu'elles sont mises en œuvre efficacement. De l'optimisation des moteurs de recherche (SEO) au marketing des médias sociaux, de la création de contenu à l'analyse de données, chaque chapitre a approfondi les subtilités de ces stratégies, fournissant des conseils pratiques et des exemples concrets pour illustrer leur impact potentiel. Forts de ces connaissances, les lecteurs pourront tirer parti de ces outils pour renforcer la notoriété de la marque, interagir avec leur public cible et générer des résultats commerciaux significatifs.

De plus, ce livre a souligné le rôle crucial de la prise de décision basée sur les données dans le marketing numérique. À l'ère numérique d'aujourd'hui, de grandes quantités de données sont générées chaque seconde, offrant des informations précieuses sur les préférences, les comportements et les tendances des clients. Nous avons exploré l'importance de la collecte, de l'analyse et de l'interprétation des données pour éclairer les stratégies marketing, permettant aux spécialistes du marketing de prendre des décisions éclairées et d'optimiser leurs campagnes pour une efficacité maximale. En adoptant des approches basées sur les données, les entreprises peuvent améliorer leur compréhension de leur public cible, affiner leurs messages et allouer les ressources plus efficacement.

De plus, nous avons abordé l'importance croissante de la personnalisation dans le marketing numérique. Les consommateurs étant inondés chaque jour d'une multitude de messages marketing, il est devenu primordial d'adapter le contenu et les expériences aux préférences individuelles. Nous avons discuté de la puissance de la segmentation, du ciblage et de la messagerie personnalisée, montrant comment ces stratégies peuvent favoriser des liens plus solides avec les clients et générer des niveaux d'engagement plus élevés. En comprenant leur public et en proposant des expériences pertinentes et personnalisées, les spécialistes du marketing peuvent créer des relations significatives et cultiver la fidélité à la marque.

Tout au long de ce livre, nous avons également exploré les dimensions éthiques du marketing numérique. À mesure que la technologie progresse, les spécialistes du marketing doivent être conscients des considérations éthiques entourant la confidentialité des données, la transparence et la confiance des consommateurs. Nous avons souligné l'importance d'adopter des pratiques éthiques et d'assurer une utilisation responsable des données des clients. En donnant la priorité aux considérations éthiques, les entreprises peuvent instaurer la confiance, améliorer leur réputation et établir des relations durables avec leur public.

En conclusion, ce livre a fourni un aperçu complet du domaine dynamique du marketing numérique. En résumant les principaux enseignements de chaque chapitre, nous avons mis en évidence le potentiel de transformation des stratégies et techniques de marketing numérique. De l'adaptabilité à la prise de décision basée sur les données, de la personnalisation aux considérations éthiques, chaque aspect a été exploré pour doter les lecteurs des connaissances et des outils dont ils ont besoin pour prospérer dans le paysage du marketing numérique. À mesure que la technologie continue d'évoluer et que les comportements des consommateurs évoluent avec elle, l'apprentissage et l'adaptation continus seront essentiels pour un succès durable. En mettant en œuvre les idées et les recommandations présentées dans ce livre, les lecteurs seront bien placés pour naviguer dans les complexités du marketing numérique, garder une longueur d'avance,

www.ingramcontent.com/pod-product-compliance
Lightning Source LLC
LaVergne TN
LVHW061546070526
838199LV00077B/6928